幼少期の家庭環境から読み解く

凶悪犯プロファイル

阿部憲仁

駒草出版

はじめに

今、あなたは日々の暮らしの中、自分が完全に安全だと感じて生活しているだろうか？元総理が政治思想とは無縁の私怨で銃撃され（安倍晋三《あべしんぞう》銃撃事件）、長い一日の仕事が終わりホッとできる電車内では立て続けに襲撃事件が起こり（京王線刺傷事件、小田急線刺傷事件）、渋谷では一五歳の中学生女子によって面識のない母娘が刃物で襲われる（渋谷親子刺傷事件）……。

日本の「安全神話」は今や完全に崩壊しつつあるのだ。では、なぜ日本社会はこんなことになってしまったのだろうか？

私は長年、凶悪犯罪者たちの「生い立ち」と「人格」を研究してきた。連続殺人犯や大量殺人犯、凶悪なギャングらがどのような「人格」なのか、どういった「環境」で育ってきたのかを知りたかった。反社会性の人格を生み出す家庭環境や社会環境がわかれば、それは社会の安全のためにフィードバックできると考えたためだ。

今ふり返ると、自分と彼らとは一体どこが違うのかをこの目で見極めたいとも考えていた。研究を始めた当時の若い自分が抱えている攻撃性と一線を越えた彼らの攻撃性の違いを理解したいという気持ちもあったように思う。

私の専門は、犯罪心理ではなく、「家庭内力学」の分析である。家庭内でどのような親子関係があったのかという力学を分析することで、犯罪という行動に至った原因をプロファイルする。

例えば、安倍晋三元総理銃撃事件の山上徹也《やまがみてつや》の場合、彼の母は宗教的活動にのめり込み、早朝から家を出ることが多かった。徹也がまだ物心がついていないほど幼かったころ、自分の便で重くなったおむつを引きずって、裸足で泣きながら母親を探す姿を近所の人が目撃している。おむつすら取り替えてもらえなかったのだろう。

この場合の家庭内力学は、物的・愛情的な極度の「ネグレクト」であり、「三つ子の魂百まで」といわれるように、幼少期の心理的孤独は山上徹也が事件を起こす四〇歳を過ぎても続いており、強い自殺願望を抱かせるようになった。つまり、この銃撃事件は、旧統一教会や安倍元首相に対する反動的な怒りの報復ではなく、彼の幼いころのネグレクトという家庭内力学による、他者を巻き込んだ拡大自殺であったと解釈できる。

私が多くのアメリカの凶悪犯罪者を研究対象としたのは、アメリカが日本の二〇年、三〇年先を進んでいるからである。一般に、いじめられた子どもたちは、無意識に、いじめた子どもたちの真似をして立ち上がるといわれる。

社会的に考えると、日本は過去の大戦で、アメリカに国土の多くを焦土と化され、二度も原爆を投下される、という「究極のいじめ」を受けた。戦後の日本が、無意識に絶対的な軍事力を有したアメリカを模倣することで、高度経済成長に始まる「立ち直り」に必死になって取り組んできたのも無理はない。

今日の日本人の心の中ではどこかで、「アメリカはいつでも正しい存在」であり、アメリカ人やアメリカの映画・ファッション・スポーツ・文化すべてが最先端であるといったイメージが無意識に存在する。それは日本がアメリカによって身も心も完膚なきまでに叩きのめされた民族として、消去することのできない過去の記憶によるものだと考えることもできる。

そうしたアメリカの伝統・文化を無条件に鵜呑《うの》みにする日本は、アメリカ社会の表の部分だけでなく、裏に潜む「負の部分」までも吸収してしまった。言い換えれば、今日の日本は「犯罪大国アメリカ」の抱える犯罪的な側面をも踏襲してしまったのだ。

「ルフィ」に見られるような連続強盗殺人事件や九つの頭部をクーラーボックスで保管し

ておいた座間九人殺害事件などは、日本がそうしたアメリカの負の遺産をも引き継いでしまった最たる例と見ることもできる。

実際、日本のモデル国アメリカでは、凶悪犯罪者の枚挙にいとまがない。

・黒人連続殺人鬼は、九三名ものストリートガールを殺害した。
・白人ストーカーは、そのターゲットが働く自分の元勤務先に完全武装で侵入し、銃を乱射、七名を射殺、四名に重傷を負わせた。
・ニューヨークの五大マフィアの一つであるルッケーゼ・ファミリーのドン、ビック・アムーソはその若頭と共謀し、同じ組内で敵対する一三名の組員を殺害した。
・刑務所内を完全に統治するプリズンギャングの創始者は、新たな入所者を性的に喰いものにする囚人を刑務所内の四階の通路から一階へ投げ落とした。
・テキサスの軍基地でパレスチナ系軍医が銃を乱射し、一三名を射殺、三一名を負傷させた。
・バイカーギャングのリーダーは、敵対組織の支部二カ所を爆破し、指名手配犯として二〇年も逃亡し、逮捕後も刑務所内から世界中の支部を指揮した。

彼らは例外なく関連する書籍が出版され、映画やテレビドラマになっている者も少なくない。いってみれば、「セレブ犯罪者」だ。

私は数多くのアメリカの凶悪犯たちと直接コンタクトを取ってきた。刑務所で面会した者もいれば、一〇年以上手紙のやり取りをした者もいる。

しかし、彼らに直接コンタクトしてみると、犯行と予想外にフレンドリーなキャラクターとのギャップに驚かされた。

・黒人連続殺人鬼は「毎日ものすごく多くのファンレターがくるけど、あんたのが一番面白そうだから返事を書くことに決めたよ。なんでも聞いてくれよ」といった。

・白人ストーカーは、自らの死刑判決について「これは俺の老後の生活設計の一部だよ」と冷静に分析していた。

・プリズンギャングの創始者は「俺はいつでも何か非常事態が起きたら、って考えて生活してるんだ。できればローマ時代のグラディエーターに生まれたかったよ」と打ち明けてくれた。

・銃乱射軍医には「イスラム教の教えに従っていれば、細かいことに悩まなくてすむから精神的に楽になれるんだ。君も入るといいよ」と説得された。

・バイカーギャングのリーダーからは「俺の体調が悪いときに身近でサポートしてくれた内縁の女に何かプレゼントしてやりたいんだが、日本のもので何かよさそうなものはないかな」と相談された。

そんな彼らが、なぜ「凶悪犯」と呼ばれる存在になってしまったのだろうか？

本書は、この疑問の答えを見つけるため、私がこれまでやり取りしてきた数多くの「アメリカの凶悪犯」たちの中から特に記憶に残った人物を取り上げながら、日本の犯罪者に共通する部分にも触れていきたい。

もちろん、日本はアメリカのような銃社会でもなければ、宗教や文化も異なる。一概にアメリカと日本をイコールで結びつけることはできない。

しかし、同じ人間であることは間違いない。根源的な欲求は同じなのである。実際に、私は日本の刑務所で二〇年以上面接官もしており、多くの受刑者と接する機会があるのだが、程度の差はあるが、罪を犯す根本的な要因は共通している。

それは、多くの場合、非常に幼いころに始まる親の育て方に起因するのだ。

私たちの想像を絶するような「異常暴力行為」を可能にする何かが、子どもたちに「植えつけ」られているのである。それは、彼らがまだ乳飲み子であった幼いころ、その環境の主役である「親（特に母親）」によって植えつけられた可能性が非常に高い。

子どもにとって〇〜三歳の時期が非常に重要だと、私は確信している。なぜなら、その間に脳が成長しシナプス（脳内の神経細胞ネットワークの要）が形成されるからだ。シナプスがプラスとつながればいいが、マイナスとつながってしまうと、そのままの状態が一生続くことになる。ヒヨコが卵の殻を破って最初に目にするものを母親だと思ってしまう「刷り込み」と同じである。

それゆえ、昔から「三つ子の魂百まで」（＝人間の人格や性格は三歳ごろまでに形成され、一〇〇歳になるまで変わらないこと）といわれるのだ。この〇〜三歳の大事な時期を感情発達の「臨界期」と呼んでいる。

逆にいえば、三歳までに母親の愛情をしっかりと受けていれば、たとえ思春期でトラウマになるようないじめや暴力があっても、なんとか頑張って生きていける。

臨界期に植えつけられた「攻撃性」は、昨日今日に形成された心理的に浅いものではなく「第二の自然」ということもできる、彼らの「深層心理」に明らかに根づいたものであるということだ。

本書は、愛着障害（不安・回避・不安&回避）をネグレクト・虐待といった言葉を使うことで、凶悪犯罪との起因関係においてより細かくパターン分析したものである。多くの事例と凶悪犯たちと実際のやり取りを通しているため、好奇心を満たしながらも社会の闇に関する理解を深める一助になってくれたらと願っている。また、本書の終わりでお会いしよう。

国際社会病理学者　Dr.クリミナル　阿部憲仁

目次

幼少期の家庭環境から読み解く 凶悪犯プロファイル

※本文使用の写真はパブリックドメインのものです。

第1章 母親によるネグレクト

日本における要注意指数＝☠☠☠☠☠

座間九人殺害事件、小田急線刺傷事件、京王線刺傷事件など、昨今の男性による無差別犯罪は、母親による愛情の**ネグレクト**が原因だ。過剰な消費者主義による個人の関心の促進・女性の社会進出、離婚による**シングルマザー**による元夫への嫌悪など、母親による息子への愛情を奪うさまざまな要因が増える中、今後も母親の愛情の**ネグレクト**による無差別犯罪は増加する危険性が高い。

自己中心的な母親から拒絶・ネグレクトされた子どもは、
愛情の渇望を埋め合わせるために、病的執着に走る。

二〇一七年一〇月三〇日、神奈川県座間市のアパートで数日前から行方不明になっていた二三歳の女性の遺体が発見された。翌朝、このアパートに住む男性が逮捕。アパートの一室からは、バラバラにされた九体もの遺体が発見された（女性八名、男性一名）。部屋中に異様な悪臭が漂っていたという。

この部屋の住人が、当時二七歳だった白石隆浩《しらいしたかひろ》である。ＳＮＳで自殺願望の女性を見つけて、一緒に自殺しようと近づき、部屋に連れ込んで睡眠薬を飲ませてから殺害するのが彼の手口だった。「座間九人殺害事件」の犯人である白石隆浩は、二〇二〇年一二月一五日、死刑が確定している。

たった二カ月で九人もの命を奪った白石隆浩という男は、どういった幼少時代を過ごしたのだろうか。

母親は父親のことがあまり好きではなく、息子である隆浩にも興味を示さなかった。父親は社交的だったようだが、母親は近所の人があいさつをしても返事をしないような女性だった。特に妹が生まれてからは、母親の注意は完全に娘のほうに向けられた。

白石隆浩は、自分に関心のない母親からネグレクトされていたため、感情が発達する機会を奪われたのだろう。母親は、「自由に物事を考えて行動できるようになってほしいと思って、あまりかまわないようにしていた」と発言しているが、小さな幼子をかまわないというのは、愛情ではなく無関心でしかない。


幼少期（特に〇～三歳の人格基盤形成の臨界期）に身体的暴力をはじめとする他の「虐待」を受けていたのか、それとも「ネグレクト」を受けていたかによって、その後の人格形成に大きな違いが生じる。ネグレクトとは、子どもに対する親の怠慢や放置、無視といったことをいう。

一見すると、ネグレクトよりも虐待のほうが子どもに与える精神的・肉体的ダメージは大きいように思えるかもしれないが、実は逆である。

暴力などの虐待は見た目はひどいかもしれないが、ネガティブではあるものの、それでも親からの何かしらの反応があり、一応はコミュニケーションが存在する。ところがネグレクトには、親とのコミュニケーションが一切ない。

虐待を受けた子どもは、親からのネガティブな「作用」に対して自動的にネガティブな

「反作用」を引き起こし、それをテコにして生きていくことができる。一方のネグレクトされた子どもには何の作用も加えられないため、生きる原動力が得られず自滅に向かわざるを得ない。この違いは彼らののちの行動パターンに大きく関係してくる。

第2章と第3章で見ていくが、虐待の場合、子どもの中に芽生えた怒りは親に向けることができず、いき場を失った怒りを抱えたまま育つことになる。その怒りは、放火や動物虐待、いじめや窃盗などの行為を通じて排出されることが多い。ちなみに、「放火」「動物虐待」「夜尿症」は「マクドナルドの三兆候」と呼ばれ、このうち二つ以上がそろうと連続暴力的犯行に向かう可能性が高いといわれている。

そして思春期を迎えると、自分が抱えている怒りと性的なエネルギーが融合して、人を殺害するという最たるかたちで排出される。怒りと性欲は連動しているため、一方が活性化されるともう一方も活性化されるため、気に入らないことがあったり性欲が湧いてくるたびに何度も繰り返され、結果、連続殺人に至ることになる。

一方、ネグレクトの場合は、家庭でコミュニケーションの機会がないことから対人恐怖を抱くようになり、あわせて、他者と適切にやり取りができずに、いじめを受けたり人の輪に加えてもらえなくなったりする可能性が高い。そうした孤独からくるフラストレーションを蓄積させ、それがある一線を越えたとき、他者を巻き込んだ自爆行為である大量殺人に至ることになる。

つまり、簡単にいえば、

虐待を受けた子　↓　連続殺人的方向性
ネグレクトを受けた子　↓　大量殺人的方向性

といった図式になる。

虐待とは、本人が違和感を覚えるような不自然な力がかかること。子どもはそれをどこかに排出しないと、心のバランスが保てなくなり、通常の生活を送ることができない。そのため、そうした攻撃性を外部に排出することで心のバランスを保とうとする。まさに防衛本能である。排出できなければ、攻撃性が残ったまま統合失調を引き起こしかねない。

一方のネグレクトは、外部からの作用が何らかかることがない。そのため、ガソリンが入っていない車と同じように、本人の中には燃料が入っておらず、結局のところ自殺願望を抱くようになる。自殺にも三種類あり、自分の命を絶てない者は、警察官に射殺されることを選ぶか、もしくは逮捕されて死刑になることを選ぶ。日本の場合は警察官に射殺されることはまずないので、大量殺人を犯して死刑になることを選ぶケースが多い。そのため、生後〇歳~三歳までの臨界期にネグレクトを受けた犯罪者たちは、通常、逮捕後に死刑を受け入れるのである。

虐待とネグレクトの家庭内力学

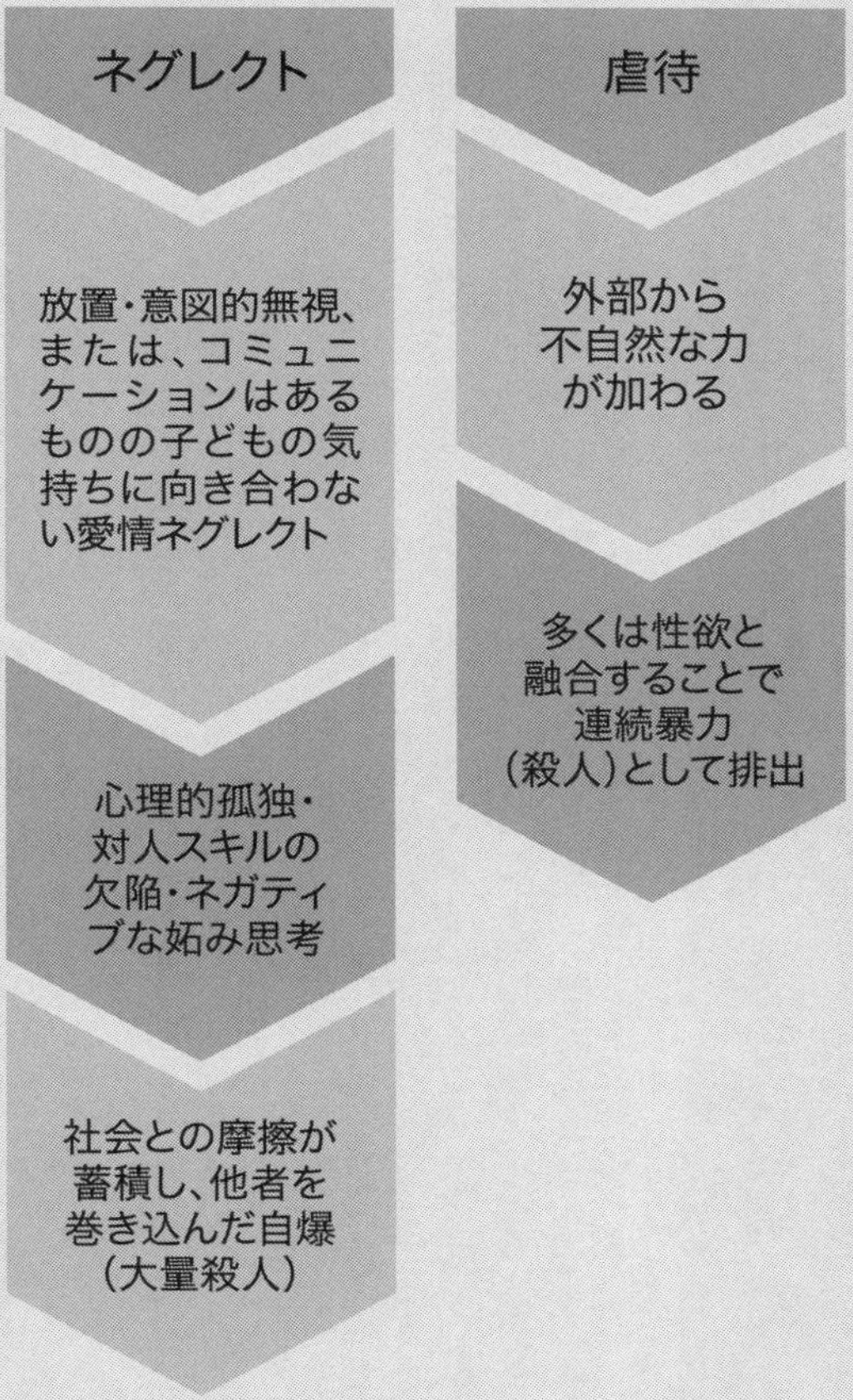
ネグレクト
放置・意図的無視、または、コミュニケーションはあるものの子どもの気持ちに向き合わない愛情ネグレクト
心理的孤独・対人スキルの欠陥・ネガティブな妬み思考
社会との摩擦が蓄積し、他者を巻き込んだ自爆（大量殺人）
虐待
外部から不自然な力が加わる
多くは性欲と融合することで連続暴力（殺人）として排出

注・これらは究極の例であり、それ以下の場合にはこうしたベクトルの中位に位置する。

実際は、虐待とネグレクトが複雑に絡み合っているため、どちらが主要因かを見極める必要がある。ネグレクトが土台の上に虐待を受けたケースも多数見受けられるのだ。逆に、虐待的な要素が先行し、その上にネグレクトを受けたケースもある。

白石隆浩はネグレクトと虐待のミックスであるが、連続殺人を犯していることから鑑みると、ネグレクトを受けただけではなく、虐待的要因が潜んでいた可能性が強い。ただし、死刑を受け入れていることから、ネグレクトのほうが強かったのだろうと推測される。虐待がベースの凶悪犯罪者は、絶対に死刑を受け入れないからだ。

どちらにせよ、凶悪犯罪に走る根本原因は、生まれたばかりの〇～三歳の臨界期における「刷り込み」による人格基盤の歪みにあるのだ。

ミックス型の家庭内力学

虐待＋ネグ

大人しく気弱なネグレクト的性格を見せながらも、ときに相方を伴うなどして、比較的年齢が進んでから連続暴力（殺人）を引き起こす

ネグ＋虐待

連続暴力（殺人）的様相を呈しながらも、最終的に自殺・警官による殺害・死刑に向かう

一九七二年から一九八三年の間に八人を殺害し、すでに死刑が執行された勝田清孝《かつたきよたか》も、幼いころに両親からネグレクトを受けていた。

戦後間もない一九四八年、勝田清孝は京都市の農家の長男として生を享《う》けた。一つ年上の姉とともに、両親が農作業をしている間、ほぼ一日中ゴザの上に放置されていた。清孝が小学五年生のころ、両親は農家を廃業して働きに出る。共働きの両親は帰宅が遅く、清孝が学校から帰ると机の上にお小遣いとして五円が置かれていたという。

そのくらいのネグレクトで、勝田のような殺人犯が生まれるのか、疑問に思う人も多いだろう。しかし、そのネグレクトのレベルは、我々が想像するレベルではない。通常、農作業中にゴザに放置されていても昼になると両親が戻ってきて一緒にごはんを食べたり、年に一度くらいは海水浴に連れていってくれたりするものだが、殺人者たちには、そういった楽しい思い出が何一つなかったという者が非常に多い。

このような否定的な家庭内力学が、臨界期と重なる早期に始まり、一線を越え、均一にずっと続き、親以外にコミュニケーションを取れる他者の存在がなく家庭内に密閉される。この四つの条件を満たすことが重要なポイントになってくる。勝田の場合は、姉という存在がいたため、最後の条件（密閉されていた）は当てはまっていない。そのため、ガキ大将として友だちとコミュニケーションを取ることができたのだろう。

勝田の父親は向こう気の強い性格で、世間体ばかりを気にするような男だった。息子の清孝に対して「勉強しろ」と口やかましく繰り返し、清孝がかわいがっていた犬を捨ててしまったこともあったようだ。母親は、そんな父親から清孝を守ることができなかった。

清孝は幼いころから権威的な父親にときには殺意を抱き、母親には庇《かば》ってくれないことに怒りを覚えたという。母親のネグレクトには、子どもに関心がなく育児放棄のようなものもあれば、強い父親の存在に従うことで、結果的にネグレクトになってしまうケースもある。例えば暴力的な父親だった場合、身を挺して子どもを守れば、父親からの暴力を受けることになる。また経済的な理由から、収入源である父親に逆らえない場合もある。また、家族が飲食店を営んでいて、店が忙しくて親がまったくかまってくれず、なおかつ、「お母さん、今忙しいからちょっと待ってて」とフォローすることが一切ないような場合も考えられる。

しかし、どのような理由があったにせよ、まだ物心のついていない幼い子どもには、そうした状況など理解できない。ネグレクトはネグレクトであり、自分を守ってくれなかったという思いだけが子どもに残るのだ。

勝田の場合、小遣いが置かれていたというが、これは愛情の代わりだった可能性が高い。愛情をかけるのが面倒だから、小遣いさえ与えておけばいいと思ったのではないか。

いってみれば、犬の散歩が面倒だから、エサをたくさん与えて自分を納得させる、というのと同じだ。

勝田は、母親の財布から金を盗んだり、高校生のときには何度もひったくり事件を起こしたりしている。逮捕されたとき、彼の屋根裏からいくつものハンドバッグと一緒に、女性モノの下着も出てきた。結局、勝田は少年院に七カ月近く収容されることになった。

社会に戻った勝田は、仕事を転々としながらも、交際していた一つ歳下の女性と駆け落ちして結婚、二児の父親になった。仕事でのトラブルが絶えず、いずれも長続きすることはなかったが、消防士の試験に合格して、最終的には消防士長にまでなっている。その間も金遣いの荒い勝田は、借金を返すために盗みを繰り返していた。ひったくり、空き巣、車上荒らし、強盗など、犯罪を積み重ねていった。

女性宅に強盗に入った際、寝ていた女性に気づかれたため、強姦してストッキングで首を絞め殺したのが最初の殺害だった。その後、八人の殺害で立件されたが、勝田の自供では、一〇年間で二二件の殺人、約三〇〇件の窃盗・強盗・強姦などを繰り返したという。

母親からネグレクトを受けた子どもは、母親がふり向いてくれないことを埋め合わせるために、何かに執着する傾向がある。それも普通の執着ではなく、病的な執着である。

〇～三歳の臨界期は、母親の存在が必要不可欠であり、特に生後一年半までの乳児は母親と生物的に一体であるべき時期である。ほかの動物であれば、まだ胎内にいるか、卵の中にいる時期であって、放っておいたら死んでしまう時期だ。

にもかかわらず、母親から無視されることは、自分の命が危険に晒されることなのである。大げさでもなんでもなく、小さな子どもにとっては、母親は生きるか死ぬかの存在なのだ。だからこそ、自分が生き残るためにも、母親の愛情の代わりになる何かに執着しなければ生きていけなくなる。

本来であれば親子間でのやり取りを通じて、思いやりなどの感情的なものが心を満たしていくが、それが一切なければ、心の中が空洞のままになってしまい、無機質な何かが入り込んでいく。例えば、数字や音楽にハマる者もいるし、絵を描くことに執着する者もいる。もう少し年齢を重ねると、思想的なものや宗教的なものにハマったりするようになる。彼らの抱える孤独感から、それらは概して暗く否定的なものであり、ポジティブなものが入り込むことはあり得ない。

右翼思想に傾倒する人たちにもこうした背景を抱えているケースが少なくない。そこには、自分の孤独からくる攻撃性を、外部の理論によって正当化しようとする無意識が働いているものと考えられる。

また、IQの高い子どもがいるが、それはネグレクトによって生じた心の空白に勉強が入り込んでしまったケースに多い。そのため、凶悪犯罪者の中にはIQが高い者が多いのだ。本書の最後に登場するセオドア・カジンスキー（通称ユナボマー、257ページ）はIQ167、黒人ギャング「クリップス」のコールトン・シンプソンも非常にIQが高かった。

白石隆浩も勝田清孝も母親からの愛情を埋め合わせるために、女性に執着していった。両者とも最初は金目あての物取りが犯行の目的だったが、反動で強姦して殺害したことで、女性にふり向いてもらいたいという執着が表面化する。金のことはどうでもよくなり、女性を強姦して殺害することに病的な興奮を覚えるようになる。命乞いをする女性のまなざしに何を感じていたのだろうか。

彼らが凶悪犯罪者にならざるを得なかった原因は、臨界期に母親にふり向いてもらえなかったことにあると、私は分析している。

アメリカの凶悪犯のケースを見ながら、臨界期のネグレクトについて考えてみたい。

注・ここで挙げた日本の例は純粋な愛情のネグレクトのケースであり、そのため自死・自爆に向かっているが、これから挙げるアメリカの事例は、あくまで虐待をベースに愛情のネグレクトを含むケースであるため、彼らの犯行は、大量殺人による自爆ではなく、連続的殺人に向かったことに留意してほしい。

プロファイル1

チャールズ・マンソン

――サイコパス・カルトの典型

チャールズ・マンソンの家庭内力学

攻撃的な
シングルマザーによる
心理的虐待
＋
愛情ネグレクト

刑務所内での
肉体的・性的虐待

他者を利用した
サイコパス型連続殺人

一九六九年、チャールズ・マンソン率いるカルト集団（通称：マンソン・ファミリー）は、全米を震撼させた。

八月九日、女優のシャロン・テートが友人たちとのホームパーティー中に殺害された。彼女には妊娠八カ月の小さな命が宿っていた。「子どもだけは助けて！」という懇願も虚《むな》しく、二六歳の女優と胎内の命は、ナイフで全身を一六カ所も刺されて惨殺される。一緒にいた三人の友人とともに帰らぬ人となった（たまたま家の前を通りかかった男性も殺された）。

殺害現場となったのは、ロサンジェルスのハリウッドにあったテートの自宅。大きな邸宅の玄関には、彼女の血で「ＰＩＧ（豚野郎）」と書かれていた（ＰＩＧは白人を意味する隠語で、過激な黒人解放組織による犯行に見せかけるためだった）。

その翌日、同じくロサンジェルス在住のラビアンカ夫妻がテートと同じ手口で殺害された。ラビアンカ夫妻は、スーパーマーケットチェーンのオーナーで、裕福な資産家だった。

この連続殺人はテート・ラビアンカ殺人事件と呼ばれ、連日のようにニュースで報道された。犯行はマンソン・ファミリーによるものだった。チャールズ・マンソンの指示によって、主犯のテックス・ワトソンと三人の信者スーザン・アトキンズ、パトリシア・クレンウィンケル、リンダ・キャサビアン（運転手）が実行に移したのだった。

マンソン・ファミリーによる殺人事件は、それだけではない。テート・ラビアンカ事件の少し前、一九六九年七月には、麻薬の売人で音楽教師だったゲイリー・ヒンマンが殺害された。犯行はファミリーの信者三人によるもので、やはり壁には「Political Pig（政治豚）」とヒンマンの血で殴り書かれていた。

そのほかの殺人もあわせて、チャールズ・マンソンは、自分の手を一切汚さずに、主に女性信者を洗脳して九名を殺害した。

ヒッピーのコミューンとして集団生活を送り、カルト集団の指導者として若い女性たち（多くが一〇代だった）を虜《とりこ》にし、悪魔的な連続殺人事件を引き起こした「チャールズ・マンソン」はどのように育ったのだろうか。

たらい回しにされた幼少時代

一九三四年一一月一二日、チャールズ・マンソン（愛称チャーリー）は、オハイオ州シンシナティで一六歳のキャスリーン・マドックスの子として誕生した。

母親のキャスリーンは、ウェストバージニア州のオハイオ川沿いの町で育った。何か悪いことをすると、すぐに母親の耳に入るほど、小さな町だった。キャスリーンの母親

（チャーリーの祖母）は、子育てに失敗したら地獄いきだと信じるほど、戒律に厳しかった。早くに夫を亡くしたのも関係していたかもしれない。

そんな母親に反発するかのように、年ごろになったキャスリーンは露出の多いドレスを着てダンスホールに入り浸っていた。

チャーリーの父親ともダンスホールで知り合ったが、父親が誰かは定かではないという。詐欺師で既婚者のカール・スコットという男が有力だが、生まれてくる子どもの顔を見る前にいなくなっていた。

キャスリーンは、出産前に別の男と結婚した。その男ウィリアム・マンソンは、キャスリーンのお腹にほかの男の子どもがいることを承知でプロポーズしてくれたのだった。

生まれたばかりの子どもは、しばらく名前すらつけてもらえなかった。数カ月ほど経ってから、ようやく祖父の名からチャールズと名づけられた。

キャスリーンは実家を出て、売春をしながら、あちこちを転々として暮らした。若くて遊び盛りのキャスリーンは、幼いチャーリーを他人に預けて（ときには一緒に連れて）、兄ルーサーやその友人たちと毎晩のようにダンスホールに出向き、飲み歩いていた。

ある日、チャーリーのことをかわいいと褒めた女性バーテンダーに、ビールのピッチャー（中ジョッキ四杯分くらい）とチャーリーを交換したこともあった。翌日、父親のウィリアムが取り返しにいったという。そんなウィリアムとの結婚生活も、二年半で終止符が打たれた。

チャーリーが四歳半のとき、キャスリーンは兄ルーサーとともに強盗で逮捕され、懲役五年の実刑判決をいいわたされる。そのため、チャーリーは叔父夫婦に預けられた。叔父は酒飲みで短気で、チャーリーに厳しく接した。

チャーリーは、いつも嘘や文句ばかりをいうような問題児になった。小学一年生のときの担任は成績順に座席を決めていたため、チャーリーはいつも一番うしろの席だった。先生は当然のように、成績の悪いチャーリーにきつくあたった。そして、いつも泣いて帰ってくるチャーリーを、叔父は追い打ちをかけるように叱った。

次第にチャーリーは、あらゆる悪事を働くようになった。気に入らない男の子を何人かで殴るように仕向けたこともあった。そのとき、本人は一切手を出さなかったという。

三年で仮釈放された母親は、チャーリーと一緒に暮らすことになった。のちにチャーリーは、母親と一緒に暮らしたこのころが人生で最も幸せな時代だったと語っている。しかし、チャーリーは新しい学校になじめずに無断欠席ばかりで、自転車やバイクの窃盗を繰り返していた。

まだ二〇代前半の母親キャスリーンにとって、チャーリーは邪魔な存在でしかなかった。シングルマザーの場合、子どもの存在、特に男の子の存在が鬱陶しく感じることがよくある。子どもの顔を見るたびに、自分を捨てた男の顔を思い出すからだ。チャーリーの母親も、息子を生理的に嫌っていた可能性がある。

結局、チャーリーは施設に入れられることになった。施設では、虐待や体罰、レイプがはびこっていた。あどけない顔をしているチャーリーは、男からも人気があったようで性暴力を受けた。それは、のちに収容される刑務所でも同じだった。

そのため、何度も施設からの脱走を繰り返し、問題児としてのレッテルを貼られた。施設から逃げ出して、母親のもとに逃げ帰ったこともあった。チャーリーは、自分がなぜ施設に預けられなければいけないのか、母親に詰め寄った。しかし、母親は裁判所に連絡をして、まるで邪魔者のように自分の子どもを施設に送り返した。そのとき、チャーリーは「絶対に人間は信用しない」と心に誓ったという。

刑務所で学んだギターとサイエントロジー

その後チャーリーは、窃盗、万引、住居侵入、放火、銃刀所持、車両窃盗、強盗などの犯罪を重ねながら施設を転々と移動し、最終的に少年院に送致された。

少年院では、いじめや性的暴行を受けて、またチャーリー自身も年下の男の子に同じような暴行を働いた。その後、最も規律の厳しい少年院に送られた。そこには、殺人などの凶悪犯も多く収容されており、通常は二一歳にならないと出ることが許されなかった。

そこでのチャーリーは別人のようだった。これまでの素行からは考えられないような模範生としてふるまったのだ。規律を守り、勉強と労働に励み、礼儀正しい少年になった。模範生として特別に表彰されたくらいだった。チャーリーは少年院の大人たちを（少年たちも）完全に騙していたというわけだ。

少年院から仮釈放されたチャーリーは、その後、おとなしくてお嬢様育ちのロザリーと結婚した。ロザリーのお腹の中には、チャールズ・ジュニアがいた。ロザリーはまだ一七歳だった。

出産費用がなかったチャーリーとロザリーは、盗んだ車で母親キャスリーンが住むロサンジェルスに向かった。しかし、チャーリーは自動車の窃盗で逮捕。保護観察五年の判決を受けるも、再び自動車窃盗の罪で告訴され、ロザリーを連れてロサンジェルスから逃亡した。

一九五六年三月一四日、インディアナ州のインディアナポリスでチャーリーは逮捕され、ロサンジェルスのターミナル・アイランド刑務所に収監された。

この刑務所では、デール・カーネギーのベストセラー『人を動かす』の講座があった。文字を読むのは苦手だったが人並み外れた記憶力を持っていたチャーリーは、自分の都合のいい部分だけを学び、吸収していく。誠実や正直といった道具を使えば、簡単に人を騙せることを学んだ。それは、チャーリーがこれまでの経験で感覚的に身につけてきたことでもある。

その後、二四歳で釈放されたが、一年八カ月後には再び刑務所に戻ることになる。小切手の偽造や、何人もの女性を自分のいいなりにして売春を斡旋したためだった。

ワシントン州マクニール・アイランド刑務所に収監されたチャーリーは、彼の人生にとって重要な二つのことを学んだ。一つはギャングのリーダーに教えてもらったギターだ。もともと音楽に興味を持っていたチャーリーは、ギターにのめり込んでいった。

二つ目は、ある受刑者から学んだというサイエントロジーである。サイエントロジーとは、体や心は朽ちたとしても精神は永遠に存在し、すべての生命体の精神が宇宙の調和を保っているとする宗教である。肉体を離れる体験を通じて偉大な能力と不死になれると洗脳し、現世で苦しんでいる人を救済する新興宗教だ。チャーリーは、この救いの教えは若くて自己肯定感の低い女性の支配に利用できることに気づいた。

刑務所内でのチャーリーは、多くの心理的書物を読み漁り、ギターで曲をつくって歌うことに熱中していた。ビートルズが全世界を席巻していた時期でもあり、自分もスターになるという野望を抱いていた。チャーリーの才能に目をつけたカウフマンという男は、釈放されたらユニバーサルスタジオの知人を紹介すると約束したほどだった。

　合計二〇年近くもの時間を少年院や刑務所で過ごし、一九六七年三月二一日、チャールズ・マンソンはようやく自由の身になった。彼はすでに三二歳になっていた。

「ヒッピー」カルト集団の指導者に

　一九六〇年代のアメリカ社会は、長期化していたベトナム戦争に対する社会不安と反戦抗議、そして黒人運動が盛んな時期だった。マーティン・ルーサー・キング・ジュニア牧師とジョン・F・ケネディ大統領の暗殺が起きた時期でもある。そして、ラブ&ピースをスローガンにドラッグとフリーセックスの全盛期でもあった。

　出獄したチャーリーは、ギター片手にカリフォルニア州のバークレーやサンフランシスコに移り住みながら、何人もの若い女性を虜にし、徐々にファミリーの原型をなしていった。フォルクスワーゲンのヴァンを手に入れ、女性たちの父親のクレジットカードを使い、LSDを楽しみながら放浪の旅を続けた。旅の先々でマンソンに従う女性を中心とするメンバーは増えていき、手狭になったヴァンから大型のスクールバスに乗り換えた（ちなみに、このマンソン・ファミリーは、映画『チャーリーズ・エンジェル』のモデルになったという）。

一九六七年一一月、チャーリーはユニバーサルスタジオのゲイリー・ストロンバーグに会ったとされている。刑務所で親しくなったカウフマンの紹介で、レコーディングの準備が進められていたようだ。実際に、チャーリーは三時間ほどのレコーディングを行い、デモテープを制作している。

ロサンジェルス郊外の豪邸を仮住まいにしていたころ、チャーリーはすでに世界的に成功していたビーチ・ボーイズのメンバーであるデニス・ウィルソンと知り合いになった。デニス・ウィルソンはチャールズ・マンソンの才能と楽曲を評価し、かなり親しくなったようだ。のちのシャロン・テート殺人事件の際には、デニスがチャーリーの後見人になったくらいだ。後年、デニスはチャーリーがつくった楽曲をリメイクして発表したこともある。

音楽プロデューサーのテリー・メルチャーとチャーリーが出会ったのも、デニス・ウィルソンの邸宅だった。メルチャーは親交を深めていき、数回ほどレコーディングを実施し、チャーリーにレコードデビューの約束をした。

一九六八年夏、デニスの兄でビーチ・ボーイズのリーダーだったブライアン・ウィルソンの自宅の録音スタジオで、チャーリーは自身の曲を収録した。チャーリーの曲「Cease to Exist（存在することをやめよ）」は、「Never Learn Not To Love（愛さぬことを学ぶな）」に改題されて（一部、歌詞も変更されて）、ビーチ・ボーイズのアルバム「20／20」に収録されている（ただし、クレジットはデニス・ウィルソンになっている）。

テート・ラビアンカ殺人事件

その後、チャーリーとファミリーは、ロサンジェルスの外れにあるスパーン・ランチに移り住んだ。スパーン・ランチは多くの西部映画などが撮影された牧場で、六〇頭ほどいる馬の世話をする代わりに、小屋を無料で利用させてもらった。オーナーのジョージ・スパーンは、視力を失いつつあり、牧場を世話してくれる人を求めていたのだ。

一九六八年一一月にビートルズは、白盤（ホワイト・アルバム）と呼ばれる二枚組のアルバムを発表。その中の「ヘルター・スケルター」という曲を筆頭に、チャーリーが望む世界が数曲にわたって表現されており、チャーリーは西洋文明の終焉《しゅうえん》を預言する神聖なものだと間違った解釈をした。

「これから白人と黒人の人種間による最終戦争が起こるが、ファミリーはデス・バレーの穴で暮らして生き延びる。そして戦後の世界では自分たちが指導権を握る」というのがチャーリーが構想した「ヘルター・スケルター計画」だった。

チャーリーの過激さは加熱していき、ファミリーの女性たちは奴隷のように扱われ、チャーリーからの指示を待つだけの存在になっていった。また、女性たちにはナイフの使い方などを教え込み、殺人集団へと変貌させていった。

一九六九年七月一日、チャーリーは、黒人の麻薬密売人バーナード・クロウの下腹部を銃で撃った。二人の間に麻薬取引のトラブルがあったようだ。彼は一命を取り留めたが、その話が音楽プロデューサーのテリー・メルチャーの耳に入った。メルチャーがチャーリーのレコード制作から手を引いたのは、この銃撃事件が原因だった可能性が高い。

しかし、チャーリーにとっては裏切られた気持ちだったであろう。人生のすべてをかけていたといってもいいデビューの約束を反故にされたのだ。メルチャーに復讐をすべく、チャーリーはファミリーのメンバー五人を彼が住むビバリーヒルズの豪邸に送り込んだ。

ところが、メルチャーはすでにその豪邸から引っ越しており、住んでいたのは、映画監督のロマン・ポランスキーとその妻で女優のシャロン・テートだった。

チャーリーが逮捕されたのは、事件から二カ月ほど経過した一九六九年一〇月のことだった。事件の実行犯だったスーザン・アトキンズが別の犯罪で収監されているとき、同房の受刑者にテート・ラビアンカ殺人事件の犯人は自分だと自慢したことが発端だった。

チャーリーは、一貫して「自分は一切殺害に加わっていない」と無罪を主張。女性信者たちも本当の父のように慕っていたマンソンの関与を完全否定した。また、裁判所の外には頭を剃り眉間にXのマークを描いた異様なファッションのファミリーがキャンプを張り、さらに『LIFE』誌、『Rolling Stone』誌、『People』誌などをはじめ、多くのマスコミが、答弁中のチャーリーの痛烈な社会批判を全米に報道したことなどが重なり、チャーリーはヒッピーの代表として一世を風靡《ふうび》する存在となっていった。

その後、チャーリーは、一度も刑務所から出ることがかなわず、八三歳で獄死するまで、七〇年近くという人生のほぼすべてを閉ざされた刑務所の中で過ごす運命となった。

私がチャーリーと手紙のやり取りを始めたのは二〇一〇年ごろだった。

当時の私は、社会の悪の根源を解明すべく、生きているすべての大物犯罪者とやり取りをしようと意気込んでいた。そのため、会えるかどうかは別にして、私には想像できないことをしでかした人間、凶悪犯もしくはプリズンギャングと呼ばれる刑務所内のボス、テロリストや白人至上主義者など、名の知れた者すべてとコンタクトを取ろうと考えていた。はじめにでも述べたとおり、彼らがどのような環境で育ったのか知りたいと思ったからだ。

チャールズ・マンソンは、当時生きている凶悪犯罪者の中では、最も有名な犯罪者だった。彼が起こした事件が注目された要因はいくつもある。

ひげ面の小男が多くの若い女性信者たちを意のままに操ったこと、そして彼女らに命令して臨月を迎えていた有名女優シャロン・テートを殺害した特異性、「自分の子どもたちは大丈夫だろうか？」という多くの親たちの不安、さらにはチャーリーが堂々と自分を「悪の権化」と公言したことなどが挙げられる。加えて、当時世界を席巻していたビートルズと意図的に結びつけ、その曲「ヘルター・スケルター」のメッセージを人種間の「最終戦争」だと解釈して犯行におよんだという話題性によって、チャールズ・マンソンの名は世界中に知れわたっていた。

私は彼と五年にわたり手紙のやり取りをした。チャーリーの手紙はいつも一〇ページほどの長文で、彼が描いた油絵や彼の写真から作成されたポストカードなどがしばしば同封されていた。

　彼は日本の零戦《ぜろせん》で亡くなった英霊たちに多大な敬意を抱いており、その精神を引き継ぐ日本人の私に最初から好意的だった。あるとき、「新聞に載っているようなありきたりのものではない、本物の神風特攻隊で亡くなった若者たちの写真を送ってほしい」と要求されたことがあった。一九三四年生まれのチャーリーにとって、太平洋戦争（一九三九〜一九四五年）はリアルな出来事であり、アメリカという大国を相手に一歩も引かなかった「ちっぽけな国」に、自分の姿を重ね合わせているようにも思えた。

　チャーリーとは三回ほど電話で話したこともある。当時彼のフィアンセだったスター（チャーリー自ら名づけたニックネーム・二六歳）が中継するかたちで実現した（スターとは実際に二回ほど会ったことがある）。

　会話の内容は、「元気？」といったあいさつ程度だった。チャーリーはすでに高齢だったため、彼が一方的に話しているのを私はほとんど聞いているだけだった。「ヘーイ、ケンジン！」と話しかけるチャーリーはただのやさしいおじいちゃんで、機嫌よさそうに話していたのが印象的だった。

　凶悪犯の多くは、手紙でも電話でも、こちらの質問にきちんと答えてくれない。事件の本質に迫ろうとするのだが、犯人と決めつけたような質問に激怒する者もいれば、無視してまったく違う話をする者もいる。だから、一見関係がないような話題をふり、外堀から埋めていくように確認していく。会話の中には普通の人だと流してしまうようなことにこそ「なるほど、そういうことか」と納得する情報が含まれていることのほうがむしろ多い。

度重なる仮釈放の面接の不合格とそのたびに訪れる攻撃的なテレビ・インタビューを何度も経験することで、自分がもはや社会に復帰できる可能性はなく、刑務所の中で死を迎えることをチャーリーは確信していた。次第に外部との接触を避け、幼いころに叔父の家で過ごした田舎の大自然に感謝し、「自然を守る」考えに深く傾倒するようになった。

晩年の彼は、Air-Trees-Water-Animals と At War（戦争中）をかけたＡＴＷＡという自然環境保護の運動に夢中になっていた。彼の房を訪れるゴキブリやクモ、ハエなどの昆虫に、人間以上の愛おしさを感じていたようだ。チャーリーは、裏切られ続けてきた人間ではなく、いつも身近にいて心を癒してくれた生きものたちや自然に大きな価値を見出していったのだろう。

私がやり取りをしていたのは、そのような時期だった。事件当時の彼の攻撃性やサイコパス的な側面はかなり弱まっているように感じた。一般に加齢に伴い体力や性欲が衰えると、そのような性質も減退する傾向にある。

手紙のやり取りは、亡くなる二年前まで続いた。チャーリーは自分で呼吸ができなくなって人工呼吸器が必要となったため、私とのやり取りも自然と消滅してしまった。フィアンセだったスターは、すでにチャーリーの元を離れ、新しくできた彼氏になびいていった。

二〇一七年一一月一九日、チャールズ・マンソンは獄中で孤独に息を引き取った。

「感情のハンディキャップ」と「極度な自己愛性」

チャールズ・マンソンは、典型的なサイコパスである。

サイコパスの定義はいろいろあるが、簡単に分類すると、「I型サイコパス」と「II型サイコパス」に分けられる。

I型サイコパスは、いわば、サイコパスの基本形で、良心や共感や罪悪感がなく、他者の気持ちが理解できないことから心の絆を結ぶこともない。

特徴としては、匂いや味にも鈍感で食べるものにも執着せず、睡眠時間も短い。感覚が麻痺しているのだ。だから、たとえ近くで爆発が起きたとしても、ピクリともしない。また、自分のことにしか関心がないため、その目的達成のためには平気で他者を傷つけ、病的な嘘をつき、責任を問われると他人のせいにする。また誰かに親切にしてもらっても、その人間を獲物としか思わない。「喰える奴が向こうからやってきてラッキー！」としか思わないのだ。

さらには、追い詰められると、弱者のふりをし、それでも逃げられないとわかると、完全に開き直り、自分を正当化する持論を展開し、挙句《あげく》の果ては攻撃的に恫喝《どうかつ》してくる。通常、自分の罪に対し、非常に細かなテクニカルなことにこだわり、自分が犯人ではあり得ないと訴えることが多い。

つまり、Ⅰ型サイコパスは、①「感情のハンディキャップ」と②「極度の自己愛性」という人格を持っている人のことだ。それがゆえに、病的な嘘をついて他者を操作しようとする。全米で一〇〇人に一人がサイコパスといわれているので、生きていれば必ず何度かは遭遇する身近な存在でもある。

一方、Ⅱ型サイコパスは、表面的にはⅠ型と同じような行動を取るが、基本的な感情が備わっているため、自分自身の行動に対する罪悪感で苦しむ傾向がある。例えば、他者から何かをされるとスイッチが入りブチ切れるといった凶暴性を抱えている人は、Ⅱ型サイコパスといえる。衝動的な暴力をふるってしまい、時間が経ってから後悔するのも一つの特徴だ。気持ちの落ち込みが激しく、自殺願望も強い。

Ⅱ型サイコパスが他者から何かされたことに対する「反動的攻撃性」なのに対して、Ⅰ型サイコパスは他者から特別何もされなくとも攻撃してしまう「常態的攻撃性」という性質を持っている。例えば学校や職場で、まったく接点がない人に対して裏で手を回して執拗にいやがらせをする、といった攻撃性だ。きっかけがなくても、常に攻撃性を抱えているのである。物心がつく前の非常に幼いころに親に植えつけられた攻撃性が第三者に向かったものだと解釈することができる。

その典型は、人を使って自分に危害が加わらないようにして悪事を働き、病的な嘘をついて、自分の非を認めようとしない。また、絶対に自殺することもない。それが真のサイコパスなのだ。しかし、殺人犯がみなサイコパスなわけではない。

日本のサイコパスの例としては、北九州監禁殺人事件の松永太《まつながふとし》が挙げられる。一九九六年から一九九八年にかけて福岡県北九州市のマンションで起きた連続殺人事件。ここでは詳しくは触れないが、松永は自分の手を汚すことなく、監禁した家族を順番に殺させて死体を処分させ、合計七人の殺害を指示した。松永は死刑の判決が確定しているが、いまだに本人は「自分はやっていない」と訴え続けている。

一九五〇年代のアメリカ社会は、しつけが厳しい家庭が多かった。冷戦時代による保守的・権威主義的な家庭で、子どもたちは育った。家庭内であっても本当の自分を出すことができず、自己否定をしなければ生きられなかった。

一九六七年に社会に復帰したチャーリーにとって、「心に傷を負った」若い女性たちは格好の餌食《えじき》だった。チャーリーは、そういった女性たちを瞬時に見抜き巧みな言葉で近づいていった。「心に傷を抱えている若者」に「彼女たちが聞きたいことだけを話」し、「相手が心の中で本当に望んでいることを実行」させた。相手を完全に満足させる「セックス」と「ＬＳＤ」を使って洗脳し、「最後の一線」は必ず自分の意志で越えさせたという。

女性信者たちにとって、チャーリーは唯一ありのままの自分を受け入れてくれる父親のような存在に映ったのだろう。そのため、彼女たちは何十年という受刑生活を送ったあとも、決してチャーリーを悪くいわなかった。

典型的なサイコパス人格

チャーリーは、臨界期に親戚の家をたらい回しにされ、施設で絶えず体罰や虐待を受け続けていた。そのため、正常な人格形成（≒「愛着形成」）にとって必要不可欠な母親の愛情を受けられず、「サイコパス的人格」に成長していったものと推察される。

バーでビールと交換され、施設から抜け出してきたときに母親から拒否され、その後、女性をたぶらかして売春をさせて金を稼いだこと。こうした幼少期の「究極の孤独体験」

と「他者を利用」していい思いをした体験が組み合わさると、「カルト集団の教祖」といった自分の思いどおりになる集団を形成する傾向がある。

ちょっとした違法行為をしては何度も捕まり、「二〇年以上」も施設の中で虐待やレイプなどで人間の尊厳すら侵され続けてきた彼にとって、「音楽でメジャーデビューする」ことは、たった一つの社会を見返す道であった。ところが、その約束を裏切られた「彼の怒り」は、一般の私たちが想像できないほど醜くドス黒い制御不能なものであったに違いない。

プロデューサーのメルチャー本人を殺害せず彼が転居したあとの住民を襲撃したのは、「俺を裏切るとお前もこうなる」という心理効果を狙った警告だった可能性もある。ひょっとしたらそれによりメルチャーが考えを変えることでまだ夢を実現できるというわずかな希望を捨て切れていなかったのかもしれない。そして「できる限り残虐なやり方で殺せ」という彼の指示どおり、心やさしいことで知られた女優シャロン・テートは必死に命乞いをしたにもかかわらず、極めて凄惨なかたちで刺殺された。

自分の手は汚さず、最後まで罪を否定し続けているのは、決して自殺することがないという「サイコパス人格」の典型的な特徴である。

チャールズ・マンソンが引き起こした事件は、子どもを身ごもった女性を含め、多くの罪もない人々を惨殺した非道極まりない犯罪である。そして、フラワーチャイルド文化の象徴ともてはやされたマンソンが起こした事件が、その社会への衝撃から「自由な若者たちの生き方」や「自由な社会」を象徴する「夢の六〇年代」に終止符を打ってしまったことはなんとも皮肉な結末といえる。

チャーリーが「世界で最も有名な犯罪者」であることは間違いない。しかし、私の目の前に置かれている彼から送られてきた大量の手紙を読み直すと、そこには、騙す相手もいなくなった晩年、犯罪者になるずっと前、まだ母親に助けを求め、一時預けられた田舎の叔父の家を取り囲む大自然に心を癒されていた純粋な彼の姿しか私には浮かばない。太平洋戦争で堂々と大国アメリカと戦った日本と私を重ね合わせ、まるで彼の最後の希望でも託すかのように、私に特別な愛情をかけてくれた。

だからこそ、私は、やさしい気持ちを持って生まれてくる者たちが、外部からの「不当な力」で傷つけられたり歪められたりすることなく、そのやさしい気持ちのまま人生を全うできる社会を強く願う。「真に安全で安心な社会」を取り戻すために、私の残りの人生をかけて取り組みたい。チャーリーと過ごした時間は、改めて私にそう誓わせてくれたように思う。

プロファイル2

デニス・レイダー
——幼児期の性的興奮体験への病的執着

デニス・レイダーの
家庭内力学

自分にふり向いてくれない
母親による心理的虐待
＋
愛情のネグレクト状態の継続

↓

29歳より
主婦を自由自在に縛り上げ
連続殺害

一九七八年初頭、カンザス州ウィチタの地元テレビ局に一通の手紙が届いた。これまでにウィチタで起きた殺人事件の犯人は自分であるという衝撃的な内容だった。

一九七四年一月一五日に起きたオテロ一家殺人事件では、父親と母親、そして一一歳の長女と九歳の次男の四人が殺害された。たまたま外出していて無事だった長男が第一発見者で、長女である姉の遺体は裸の状態で逆さ吊りにされていた。その三カ月後の四月四日、次の標的になったのは二一歳の女性だった。

一九七七年三月一七日には二五歳の主婦が殺害され、同年一二月八日には二五歳の女性が被害に遭った。

これら被害者七人の犯人であるという人物からテレビ局に犯行声明が届いたのだ。テレビでも報道されたため、カンザス州最大の都市ウィチタは恐怖でパニックに陥った。凶悪な連続殺人犯が、自分の家の近くをウロウロしているのだ。誰もが外出を控えるようになった。

手紙には差出人名「ＢＴＫ」と書かれてあった。ＭＯ（＝殺害手口）であるBind（拘束）、Torture（拷問）、Kill（殺害）の頭文字を取ったニックネームで、犯人本人が考案した名前だった。

警察の必死の捜査にもかかわらず、犯人であるＢＴＫを捕まえることはできず、事件は迷宮入り事件（コールド・ケース）となってしまった。

劇場型の連続殺人犯

それから二五年以上が経った二〇〇四年三月、再びBTKからテレビ局、新聞社、警察に手紙が届いた。その手紙は、一九八六年九月一六日に殺害されたヴィッキー・ヴェガリーの犯人は自分だと主張していた。犯行の詳細が事細かに記されていた手紙には、犯行現場の写真と被害者の運転免許証のコピーが同封されていた。免許証は殺害時に現場から持ち去られたものであった。

かなりの年月が経っていたため、本当に二五年前のBTKと同一人物かどうかは不明だった。警察は模倣犯の可能性も視野に入れて捜査を再開。その後、何度もBTKと名乗る人物とやり取りを行い、一九七七年一二月八日に殺害した二五歳の女性の運転免許証をウィチタ市内の公園に隠して、自分が本物のBTKであることを証明した。その際、手をうしろに縛られ、頭にビニール袋を被せた人形も一緒に置かれていた。

完全な「劇場型」の連続殺人である。劇場型犯罪とは、まるで演劇や映画のように、実行犯が物語の主人公になるよう演出された犯罪のことをいう。マスコミに情報を提供することで、世間の関心を集め、観客である一般人から注目されたいのである。一般に劇場型犯罪を起こす者は、人から注目されたい「承認欲求」が強い。犯人は長い間社会から無視されてきたと強いコンプレックスを抱いており、当初の殺害欲求から次第に社会からの承認欲求へと移行した犯行ということができる。

手紙のやり取りが面倒だったのか、BTKはあるとき、「文章ファイルを入れたフロッピーディスクでやり取りをしたいが、そこから素性がバレることはないか？」と直接警察に尋ねてきた。警察は「ファイルを作成した人物の身元まで辿ることはできない」と嘘をついた。

そして、BTKから送られてきたフロッピーディスクから最後にアクセスした所有者が判明し、その身元が特定された。

犯人は、ウィチタ近郊に住むデニス・レイダーだった。彼はキリスト教のルーテル教会のメンバーで、教会の評議会では会長を務めていた。彼は自分のアイデンティティである「真の顔」も注目されたかったことになる。

彼は逮捕後の供述で、一九八五年には五三歳の女性を、そして、一九九一年には最後の被害者をパンティストッキングで絞殺したことを自供した。合計一〇人の命を奪ったことになる。

裁判では、殺害した被害者一人ひとりに対し終身刑の判決がされ、「終身刑一〇回」が宣告された。一七五年後まで仮釈放が認められず、二〇二三年七月現在、デニスは今もカンザス州の刑務所に収容されている。

愛情の隙間に入り込んだ歪んだ性欲

ＢＴＫことデニス・レイダーは、一九四五年三月九日にカンザス州ピッツバーグで四人兄弟の長男として生まれた。彼の家はデンマーク人、ドイツ人、スイス人の祖先を持つ複雑な家系だった。

父親はいい人だったらしく、日曜の朝にはよく新聞に掲載されているマンガを読んでくれたりした。しかし母親は（祖母も）気の強い性格で、子どもには関心がなく、いつも家庭外のことばかり考えているような女性であった。そのため幼いころのデニスは、母親から愛情や関心を向けられることなく、通常の家庭に見られるコミュニケーションの機会すらなかった。

臨界期の母子間に通常の愛情のやり取りが存在しなかった（ネグレクト）ことにより、デニスと母親との「愛着関係」に歪みが生じ、そうしたある種「無機質」な関係はその後も続いたものと考えられる。

そんな子ども時代のあるとき、母親がソファの隙間に手を滑り込ませて手が抜けないふりをしてデニスに助けを求めたことがあった。母親としては、気まぐれにからかっただけだったのかもしれないが、日ごろ母親とのやり取りがないデニスにとっては、それは母との間に存在した貴重で衝撃的な出来事であった。彼はそのとき勃起したという。自分のことにまったくふり向いてくれない気の強い母親が、今目の前で身動きが取れずに困っていて自分に助けを求めているのだ。母親との記憶がほかにないデニスに、女性が身動きを取れないSM的な状況が心に深く刷り込まれてしまったのだ。

そして、その後の彼は、身動きの取れない女性を拷問するサディスティックな妄想に取り憑かれ、覗き、酸欠状態でのマスターベーション、そして、自ら女装してSM的状況を演出するといった異常行為にハマるようになっていく。

二一歳のときに空軍に入隊し、四年後に除隊。二六歳で結婚して、二人の子どもに恵まれた。そして、地域のコミュニティ・カレッジに入学し、電気工学の専門知識も身につけた。

ウィチタに本社を置くセキュリティー会社で警報装置を設置する業務に従事した一九七四年から一九八八年までの一四年間は、デニスは表向きには彼の犯行とは真逆の窃盗や強盗などの犯罪から市民を守るための会社で働いていたことになる。しかし、実際には、彼は一九七四年から最初の殺人に手を染め、正義と悪魔という二つの仮面を使い分けていた。

デニスは技術者として働きながら狙いを定めた女性をストーキングし、その家庭生活を覗き、それに基づいて綿密な計画を立てたうえで、首を絞めて窒息させ犯行におよぶという、そのプロセスの一つひとつに強い快感を覚えていた。

一九九一年以降は、ウィチタ郊外のパークシティに移り住み、野良犬の保護員と法令遵守員を兼務する仕事に就いた。地元テレビにも何度か出演したことがあり、彼の注目を浴びたいという願望の強さが窺える。

デニス自体は、なぜ自分が異常な衝動に駆られるのかわからず、その理由を自ら「ファクターX（＝謎の要因）」と呼んでいた。

しかし、原因のない行動など存在しない。彼の幼いころをふり返れば、原因は明らかだ。彼の乾いた心に、母親のいたずらによって、女性が身動きを取れず、その女性を自分の好き勝手にできる状態が深く刷り込まれてしまったのである。そして、その縛り上げて拷問をする攻撃性は、自分を省みてくれなかった母親に対する無意識の復讐であり怒りなのだ。これこそが、物心がつく前に刷り込まれた、彼が「ファクターX」と呼んでいたものの正体なのである。

自分にふり返ってくれなかった母親への怒り

究極の犯行の根本原因は、〇～三歳の臨界期における「刷り込み」による人格基盤の歪みにあることは、先に述べたとおりである。

デニスの場合は、母親からネグレクトを受けていたが、わざとソファに手を突っ込んで抜けないいたずらをしたことからも、母親には子どもに対する意地悪な側面があり、通常の親としての母性が欠けていた可能性が高い。父親はいい人だったことはプラス要因であるが、臨界期の主役はあくまで母親であり、それゆえ、父親のやさしさは最も重要な時期には微力な影響に留まってしまう。

デニスの場合、母親の意地悪ないたずらなどから見て、彼女には自分の満たされない状況から攻撃性を抱えていた可能性が高い。なぜなら、連続殺人犯になる子どもは、その素地には必ず「虐待的要因（＝不自然な圧力）」の存在が不可欠となるからである。連続殺人犯になる子は、その素地には必ず「虐待的要因（＝不自然な圧力）」が存在する。

またデニスは、子どものころから自分のペニスを紐で縛ったり、身動きの取れない女性に興奮するなど、SM的なものにハマっていたのだが、このことから考えても彼の幼いころの環境には少なくともそうした方向に導くだけの何かしらの心理的要因があったことは間違いない。

凶悪殺人犯の中には、思春期ごろまで「自殺願望」を持っている者が少なくない。「こんな俺に生きている資格なんてない」「なんで俺なんかを産んだんだ」といった強い自己否定感を抱えているためである。こうした自己否定感は性的エネルギーと融合することで「他殺願望」へと変化する。

ちなみに、最初のオテロ一家殺人事件では、外出していた長男を除く四人を殺害している。自分が家で母親の愛情を受けられなかったため、無意識に愛情に溢れた幸せそうな家庭を破壊したいという衝動が働いた可能性もある。しかし、その怒りの焦点は母親であったことは間違いない。

私はデニスに若いアイドルの水着写真を送ったことがあるのだが、デニスは怒って「ちゃんと服を着た年上の女性の写真を送ってくれ」と返信してきた。年上の女性を求めているのは、やはり彼の欲望が母親に起因しているからであろう。そのため、母親のイメージではない水着姿や裸に興味がないのである。

そのようなやり取りからも、デニスの「自分に見向きもしなかった母親に対する怒り

（思慕）」が滲《にじ》み出ている。

異常なほどの強迫概念

デニス・レイダーについて、もう一つ特筆しておくことは、彼の異常なまでに潔癖ともいえる強い「強迫性」である。幼少期、特にネグレクトを受けた者は、他者とのコミュニケーションの欠如でぽっかりと空いた隙間を人間以外の無機質なモノで埋めなければならない。

ある者は自分で決めたドアノブを回す回数を守らないと部屋に入れないのと同じで、彼はいかなる行動を取るにしても「自分独自のスタイル」を守らなければ不快感を覚え、生理的に耐えることができない性格だった（そのため殺害のＭＯもいつもＢ・Ｔ・Ｋだったと考えられる）。

手紙からも、手の込んだパターンを踏まないと書けない強迫性が窺える。手紙の上部を見るだけでも、彼の強迫性と神経質さが感じられるだろう（１１８ページ）。

また、デニスの身だしなみにも、同じような強迫性が表れている。彼はいつもパリッとしたスーツにネクタイをしめ、ひげのラインはいつも一直線にそろえられていた。

デニスを理解するうえで最も重要なキーワードは、「完全なコントロール」である。これは、自分の思いどおりの子ども時代を過ごせなかった者たちに共通して見られる傾向でもある。自分のことにしか関心がない母親の代わりに、彼には「人形」のように自分の思いどおりにできる存在が必要だったのだ。軽度の強迫性を抱えた人の場合、「畳んだタオルがすべて同じ方向にそろっていないと耐えられない」「絨毯《じゅうたん》に塵《ちり》が一つでも落ちていると気になってしまう」といった事例が思い浮かぶ。

しかし、デニスの強迫的コントロール願望はそのレベルをはるかに超えて、他者にまで向けられたものであった。

近所の評判によると、デニスは厳格な性格で、ボーイスカウトのリーダーを務めていたときも子どもたちに対する指導は厳しかったという。

刑務所の独房にいるとき、デニスは「歯モンスター」の絵を描いて私に送ってきたことがある。電灯の加減で布団のしわが歯のモンスターのように見えたというのだ。これもやはり乳児期のネグレクトによるものだろう。母親と一体でいることが死活問題である乳児は、長時間その姿が見えないと幻覚を見るようになる。よく小人や霊が見えたと強く訴える人がいるが、おそらくその多くは幼いころにネグレクト的環境を経験しているはずだ。

私はデニスに面会にいく約束をしていた。彼からは刑務所までの道順が詳細に描かれた手書きの地図が送られてきた。わざわざ出発に間に合うように送ってくれたのだ。

しかし面接に必要な手続きをすませ、いざ出発しようとしたところ、大雪で飛行機が欠航になってしまった。その後、刑務所にいるデニス本人から自宅に電話があり四〜五回ほど話をした。しかし、雑談や上辺の会話しかしないデニスにしびれを切らして、徐々に私の対応は雑になっていった。

そうした私の態度を感じ取ったのか、以来、デニスから電話がかかってくることは二度となかった。

一度決めたら、その方針は絶対に変えないのも、凶悪犯に共通した特徴だ。だからこそ、彼らは人を殺《あや》めるという究極の一線を確信的に越えられるのである。

ジョナサン・カー

レジナルド・カー

プロファイル3

レジナルド・カー

——攻撃性の高い自己中の母親によるネグレクト家庭で育ったスプリーキラー

レジナルド・カーの家庭内力学

シングルマザーの
心理的虐待
＋
愛情のネグレクト

ドラッグディーラー
としての成功

自身でもコントロールできない
病的な金銭的・物質的執着から、
新たな町に転居後、相手かまわず
スプリー殺人

ネグレクトが「大量殺人」を招き、虐待が「連続殺人」に至ると大別してきたが、その中間も存在する。日本語で「興奮持続型殺人」と訳されている「スプリーキル」がその一つである。

二〇〇〇年一二月八日、カンザス州のウィチタは悲劇に見舞われた。新たにウィチタに移り住んだ兄のレジナルド・カー（当時二二歳）と弟のジョナサン・カー（当時二〇歳）の兄弟が、サッカーコーチ助手の男（二三歳）の家に侵入して、相手を負傷させ、金品を盗んで逃亡したのだ。その三日後、五五歳女性を襲って金品を強奪し、女性は車で逃げようとしたが銃で撃たれ、三日後に死亡した。

さらに三日後の一二月一四日、カー兄弟は無作為に選んだアパートに侵入した。そこでは、教師や投資会社の社員など、男性三名と女性二名の五名でホームパーティーが開かれていた。実は、そのパーティーで、男性の一人が彼女にサプライズでプロポーズすることになっていた。ポップコーンの缶の中に婚約指輪が隠されていたという。

レジナルドとジョナサンは女性二人を繰り返しレイプし、性欲を満たすと今度は、男性三人に女性たちを犯すように命令した。女性同士にもレズビアンプレイを強要した。その後、全員を全裸のまま車に乗せ、街の郊外にあるＡＴＭに連れていき、全員の有り金を引き出させた。最後は、誰もいないサッカー場で、全員をひざまずかせて「処刑スタイル」

で一人ずつ射殺した。現場を去ったあと、二人は、もう一度ホームパーティーが開かれていたアパートに戻って、金目のものが残っていないか物色した。

五人のうち一人の女性だけ、銃弾が逸れたために生き残った。プロポーズされるはずだった女性である。彼女は雪が舞い散る極寒の中、裸のままで近くの家に逃げ込み、警察に通報してもらった。

翌日、警察はカー兄弟を逮捕。裁判手続き上の不備があり、いったんは死刑判決が終身刑になったが、再び最高裁で死刑が確定した。当初の彼らの目的は単なる物取りだったという。

ネグレクト家庭からクスリのディーラーへ

一九七八年生まれのレジナルドと一九八〇年生まれのジョナサンは、幼いころに両親が離婚し、母親だけに育てられた。

ところが、この母親は二人の子どもにまったく関心がなく、二部屋あるアパートの部屋を「自分の領域」と「子どもの領域」に明確に分けた。「自分の領域」にはテレビやビデオデッキなど、最新の家電などをそろえていたのに対して、「子どもの領域」には何もなく、食べものすらろくに与えられていなかった。

母親が男を自分の部屋に連れ込むときは、「子どもの領域」を通り抜けて「自分の領域」に入り、ドアを閉めて二人だけの空間を楽しんだ。二人が典型的なネグレクト家庭で育てられたことは明らかである。

兄レジナルドは小学六年生のとき、地元のドラッグディーラーからクラック（コカイン）の小分けの包みを譲り受け、それを売りさばくようになった。彼はすぐに金回りがよくなり、学校で最もファッショナブルな少年に変貌した。まだ小学生だったにもかかわらず、年上のガールフレンドが途切れたことがなかったという。

その後、少しずつクラックをさばく量を増やしていき、最終的には二つの町でのクラックの元締めにまで上り詰めた。

アメリカには、クスリの売人を襲う専門のギャングがいる。レジナルドも襲われて監禁されたことがあるそうだが、頭の切れるレジナルドは、そういうときに備えて強盗用に手渡すドラッグを準備していたという。そのため、大量のブツは奪われずに、最小限の被害ですんだ。ギャングが退散するときも、「殴るのだけはやめてくれ」とうまくいくるめて、大したけがもせずに窮地を脱している。

生活費以上の金を稼いでいたため、彼は正装してクルーズ船で旅行するのが楽しみだったと語っている。彼曰く、気をつけなければいけないのは「女」だそうだ。女性という武器で近づいてきて、親しくなってクスリの情報を盗み出し、男たちに襲撃させるからだ。女はドラッグビジネスでは、有効なスパイなのである。

レッジー側の主張と検察側の主張

私がレジナルドにコンタクトを取ったのは、事件が起きて一〇年ほど経ってからのことだった。カー兄弟は、先の連続殺人犯ＢＴＫ（デニス・レイダー）と並んでカンザス州のエルドラード刑務所では突出した凶悪犯であったが、刑務所内での待遇にはデニスに比べてひどい差があった。

ＦＢＩや警察官といった公的な立場ではない私は、いつもどおり友人のように「調子はどう？」といったあいさつからアプローチを始めた。

「テレビもラジオも何もないんで一日中〝白昼夢〟を見てボーっとしてるよ」

「それはきついね。ほしい本があれば、できる範囲内で送るよ」

「じゃあ、鳥とか動物の細かい絵の載ってる図鑑を送ってもらえるかな？　絵を描いているときが、一番時間が経つのが早いんだ」

テレビもラジオも何もないところで一〇年も過ごしているというので、「ラジオでも買ったらいいよ」というメッセージを添えて、二〇〇〇円ほど送ったこともある。

手紙でこのようなやり取りをしているうちに、二つのことがハッキリとわかった。

一つは、私が丁寧な言葉を使ったり、聞かれたことにまっすぐ答えなかったりすると、レジナルドは異様に苛立《いらだ》ちを覚えることだ。「ここにいると人と本音で話すことがないから、いちいちミスター・レジナルドなんて書かなくていいよ。レッジーでいい」といってきた（そのため、ここからはレッジーと表記する）。おそらく面会にくる者もほとんどおらず、友だちもいなかったのだろう。日本から連絡をしてきた私に、友だちのように接してほしかったのだ。

もう一つは、「何かわかんないけど、そっちは自分のことをあまりしゃべらないよな」といわれたことだ。そのとおりだ。自分のことは自分でわかっているので面白みがなく、まるでいつも同じ歌をカラオケで歌うようなものである。そのため、私は人の話を聞くほうに回ってしまう。

レッジーの追求は強烈で、逐一話題が変わるごとに非常に細かなことまで突いてくる。そのため、私がその時々で日本で抱えている問題をさらけ出して、それについてレッジーがまるでコンサルタントのようにアドバイスをするというロールプレイが、いつの間にか確立してしまった。

私が気になっていたのは、検察側の主張とカー兄弟の主張があまりにも大きく食い違っていることだ。

「俺がほかの場所にいたとき、いきなり弟から電話がかかってきて、泣きべそかいてるんだ。で、落ち着いて話してみろっていうと、実はもう一人悪い友人がいて、そいつが『どこかの家を襲撃しようぜ』っていうんで、断り切れずについていったら、例のパーティーで、気がついたらひどいことになってて……。『兄ちゃん助けてくれよ』っていうんで、俺は自分のトラックを飛ばして現場のアパートまでいったんだ。それで、アパートの外にいろんなものが放り出されてたんで『どうする?』ってことになって、仕方ないから俺のトラックのうしろに積んで自宅に運んだんだ」

レッジーはこのように主張している。彼らの弁護士が提出した公式の文書にも、同じような内容が書かれていた（法学部の教授である私に、裁判記録を送ってくる犯罪者は非常に多い）。

「じゃあ、その中心人物さえ見つかれば、問題はすべて解決するんじゃないの?」

私がそう聞くと、レッジーからはもっともらしい返事が戻ってきた。

「それはそうなんだけど、前にいったように、俺たちはドッヂシティーからウィチタに移ってきたばかりだったんで、そいつのあだ名しか知らないんだよ。で、その野郎、俺の知り合いに電話を寄こして、『裁判でしゃべったら、身内を必ず殺す』って脅してきやがったんだ」

レッジー自身はすでに刑が確定している。だから、その「第三者」が存在するのであれば、ウェブサイトか何かを立ち上げて、「そいつ」の情報を集め、動かぬ証拠を押さえてから再審請求するしかない。私はそのとき、そう思った。

両者の主張をまとめてみる。

①検察側の主張＝兄弟による当初窃盗目的の犯行による冷却期間を置かないスプリー（興奮持続型）殺人である。

②レッジー側の主張＝事件当時、第三者がいて、弟を巻き込んで犯行におよび、事件後に弟を救うために現場を訪れて、警察に犯人にされてしまった。

どちらが真実かというと、私の答えは①だ。第一の理由は、最初のころの手紙のやり取りで見せた、レッジーの病的なまでの心理コントロールだ。自分の無実を私に認めさせようと、心理的に過剰なまでに支配的であった。

第二の理由は、レッジーの言い訳が細部のテクニカルな盲点を突いたものだからだ。これは言い訳が明らかな「あとづけ」であり、当局担当者の人格否定もまた大きな特徴である。

常識的に考えても、名前も携帯番号も知らない第三者と一緒に、五名も殺害するという行為は、あまりにも不自然で信憑性に欠けている。

一度火がついたら止まらない「スプリーキラー」

最初にも述べたが、「スプリーキラー（興奮持続型殺人犯）」は、連続殺人犯と大量殺人犯のちょうど中間に属するタイプの一つである。連続殺人犯は、一度殺人を犯したあと、しばらく「冷却時間」を置き、再び鬱憤が溜まり欲求が高まってきてから次の犯行におよぶ。大量殺人犯は、溜まりに溜まった怒りを一気に爆発させる。

一方、スプリーキラーは冷却期間を置かずに、連続的に殺人を繰り返すが、連続殺人の一つひとつが独立した別々のエピソードであるのに対し、スプリーの場合、それまで我慢していた欲望や怒りがまるでダムが決壊したかのように、一気に一連の殺人へと連鎖していくのである。

スプリーキラーの多くは、後先考えずに爆発するため、最終的にすぐに逮捕されてしまうか、自ら命を絶つか、もしくは警官に射殺されるかのいずれかである。ちなみに元FBI捜査官のジョン・ダグラスは、スプリーキラーは心理的には大量殺人犯に近いと述べている。

私も彼の考えに同意であるが、さらに、スプリーキラーには「虐待系」と「ネグレクト系」があると私は考えている。ネグレクト系は「執着」が原動力であるため、金やモノへの執着が抑えられなくなる。一方、虐待系はいったん「怒り」に火がつき暴力行為を開始すると、その暴走を止められなくなってしまう。

では、なぜ完全な大量殺人にも連続殺人にもならずに、その中間になったのか。おそらく、子どものころから家庭内で虐待やネグレクトといった環境に置かれながらも、孤立して閉じ込められることなく、家庭内もしくは家庭外にコミュニケーションの取れる相手が存在したからであろう。

レッジーの場合、弟のジョナサンがそれにあたる。そのため、抑圧された環境に完全に閉じ込められず、鬱憤を吐き出すことができたため、今回の犯行に至るまでは比較的無傷で長期間通常の暮らしを送れたのであろう。

レッジーは、臨界期から幼少期にかけて、母親のネグレクトと物質的な貧しさの中で過ごしたことで、金品に病的な執着を見せるスプリーキラーになったものと考えられる。そのため、複数の人間がいるホームパーティーを金品目的で襲撃し、犯行後にもう一度現場に戻って、金品探しをしたのだ。これは病的な執着心の表れといえるだろう。私との手紙のやり取りで鳥や動物の細かい図鑑を要求していたが、一つのことに没頭（執着）したいのもネグレクトを受けた者の特徴だ。しかし、これらすべての原点には、母親の愛情欠如を金品で埋め合わせようとする深く根ざしたものがあったに違いない（このあたりは、先に紹介した勝田清孝と似ている）。

それまではドラッグディーラーとして冷静沈着・頭脳明晰であっても、いったん「スイッチ」が入ると自分で自分をコントロールできなくなるのがスプリー殺人の最大の特徴である。後先など一切考えられなくなってしまうのだ。

カー兄弟は、優秀な弁護士によって、死刑裁判であるのに兄弟二人が一緒に裁かれたという裁判の落ち度を指摘して一度は「人身保護令状（=Habeas Corpus と呼ばれる）」により、無期懲役を勝ち取ったものの、再び最高裁判所で死刑に戻されたのは、カー兄弟の凶行が裁判手続きの問題をはるかに超えた狂気だったからにほかならない。

いまだに嘘を押し通して無罪を主張しているレッジーだが、五人の尊い命を奪った罪を自分の命で支払わなければならないのは、誰にも侵すことのできない「自然の摂理」といえよう。

プロファイル4

リチャード・ファーリー

——ネグレクトによる病的執着と自殺願望からくるストーカー大量殺人

※右は著者

両親の愛情ネグレクトによる他者を巻き込んだ拡大自爆

放っておいても楽しそうに一人で遊んでいるという母親の無関心
＋
性格的に口数の少ない父親

約40歳で人生を終わらせる計画

自分に振り向いてくれないローラと彼女に味方した社員たちを巻き込んだ計画実施

警察の長時間の説得による投降

一九八四年、カリフォルニア州のシリコンバレーにあるＩＴ企業でシステムエンジニアとして働いていたリチャード・ファーリー（当時三六歳）は、新人社員のローラ・ブラック（当時二二歳）に一目惚れした。

リチャードは、ローラに猛アプローチを開始。同僚と一緒に三人で食事をしたことが拍車をかけてしまい、リチャードは常軌を逸した行動に出た。人事部から彼女の住所と電話番号を盗み出して、数時間おきに電話をしたり、二〇〇通もの手紙を送りつけたりした。ローラの自宅のドアに直接手紙を貼りつけたこともあったようだ。

彼女が通うエアロビクスのクラスに出没したり、レストランや映画館などにもリチャードが現れたりするようになった。恐怖を感じたローラは、何度も引っ越したが、そのたびにリチャードは彼女の住所を探し当てた。リチャードは、完全なストーカーである。

一九八六年、ローラが会社に被害を訴えたことで、リチャードは会社をクビになった。翌年には、彼女が住むマンションの管理室に忍び込み、彼女の部屋の合鍵を作成して手紙に同封して送りつけたこともあった。一九八八年初頭、ローラが警察に相談にいき、裁判所からリチャードに「接近禁止命令」が出された。それが最終的な引き金になり、一九八八年二月一六日、悲惨な事件が起きた。

リチャードは複数のライフル、拳銃、大型ナイフ、そして千発以上もの銃弾を携え、自身は防弾チョッキ、耳栓、革の手袋、ゴーグルで完全武装して、ローラが勤めている彼の元勤務先に現れた。

社員を撃ちながら会社の裏口のロックを破壊して突入。遭遇した数名を射殺しながら、二階のローラのデスクに向かった。ローラは、リチャードが部屋に入ろうとしたところでドアを閉めた。リチャードは、ドア越しにライフル銃を撃ちまくり、ローラは左肩と肺を損傷して意識を失った。その後、リチャードはオフィスに立て籠もる。警察の特殊部隊SWATが駆けつけ、五時間にわたる交渉の結果、リチャードは人質を解放し、サンドイッチと飲み物を要求したのち投降。結果、九八発の銃弾が発砲され、七人が死亡、四名が重傷という惨劇だった。

辛うじて一命を取り留めたローラのもとには、刑務所に移送されたリチャードから何通もの手紙が送られてきた。そこには「最終的には君の勝ちだな」と書いてあったという。

ネグレクト家庭で孤独だった幼少時代

二〇一六年三月六日、私はリチャードに会うために、サン・クエンティン州立刑務所を訪れた。ここは、カリフォルニア州で唯一、死刑の執行が許されているところだ。リチャードには、一九九二年にガス室による死刑が宣告されている。

私が面会室に入ると、すでに銀縁眼鏡をかけた六〇歳くらいの男性がテーブルの向こう側に腰かけていた。一見すると、どこかの会社の部長のような風貌だ。

リチャード・ファーリーは、一九四八年七月二五日にテキサス州のサンアントニオで六人きょうだいの長男として誕生した。父親は空軍の整備工だったこともあり、引っ越しが多かった。父親は無口な性格だったそうだ。目立たない孤独な子どもだったリチャードは、一人で遊んでいることが多かったという。

私「子どものころ、どういう家庭環境だったの？」
リチャード「父親が軍に勤めてたから、子どものころは引っ越しが多くてね。ちょっと友だちと仲よくなるとすぐまた転校の繰り返しでね。途中から慣れっこになって、あまり周囲に執着しないようなスタイルが自然と身についたんだ。弟が生まれる前とかは、よく一人で遊んでいたよ」
私「寂しくなかったの？」
リチャード「母親は俺が一人で楽しんでるって、そう思ってたみたいだよ」
私「お父さんと楽しい思い出はあるの？」

リチャード「家のガレージで、二人して黙々と車のエンジンを組み立て直したことが数少ない思い出かな」

私「六人きょうだいの長男だよね？」

リチャード「下の弟二人とは小さいころからあんまり仲がよくなかったよ。よく弟たちをいじめたな。俺にいわせれば、弟たちを『正しく』導いてやろうという親心だったんだけど。なにしろ、タバコを買うために母親から金を盗んだりしてたからね。すぐ下の弟は、その後、麻薬に走って少年院に入っちゃったし。なんでクスリなんかやるのか俺にはまったくわからないよ」

リチャードの家庭では、密接なコミュニケーションがなかった。リチャードの母親はたとえ金を盗まれても弟たちを放置していたようで、要するにネグレクトである。親に十分な愛情を与えられていなかったせいか、リチャードは弟たちには厳しくあたり、そのことを弟たちは兄のいじめと思っていたようだ。

学校でのリチャードは気が弱く、仲のよい友だちはいなかったようだ。高校を卒業すると短大に進んでいるが、ほとんど学校にはいかず、すぐに海軍に入隊した。そこでコンピューターの技術を学んでいる。彼が事件を起こすまで、一度も法に触れるようなことをしていなかった点は、特筆に値する。

双方向のコミュニケーションなしの執着性障害

「社会的動物」である人間は、他者との交流なしに、精神的に健全でいることはできない。大事なのは双方向でのコミュニケーションである。一方向のコミュニケーションではなく、感情に触れるようなやり取りが必要なのだ。

今の日本は、一方向のコミュニケーションが増えているように感じる。例えば、食事中に、「お前、勉強進んでいるのか?」と上から目線で押しつけるような会話も一方向のコミュニケーションである。

ちなみに、食事中に仕事や勉強の話をしてはいけないといわれている。ホッとする時間に、緊張感のある会話はストレスにしかならないからだ。動物に対しても、食事中に撫でたり話しかけたりするのは基本的によくないとされているのだ。

親からネグレクトされて、親と双方向のコミュニケーションがなかったリチャードは、執着傾向が非常に強い。感情のやり取りがなければ、その心の空白を人間とのやり取り以外の無機質な何かで埋め合わせようとするからだ。リチャードはよく新聞に掲載されているパズルやクイズに応募し、ときには二〇〇〇円くらいの賞金を得ている。本人からの手紙で「この間、またパズルにハマっちゃって、六時間も没頭しちゃったよ。マズイマズイ」などと書いてきたこともあった。

自分でも自覚しているのだ。私が思うに、子どものころ、そうしたことに夢中になることでしか、一人で時間を過ごすことができなかったのだろう。数字やパズル、機械といったものにハマってしまい、抜け出せなくなるのだ。おそらくローラに対しても、子ども時代を生き延びるために身につけた強迫的執着が悪いほうに出てしまったのだろう。

執着的な傾向があっても、臨界期に双方向の感情のコミュニケーションがあれば、研究者や音楽家、文筆家など、一つのことに集中して大成する人物に成長することもできる。ただし、第6章で紹介するセオドア・カジンスキーのように天才であってもいずれ爆発してしまう者もいる。それは、やはり臨界期でのネグレクトが要因であろう。小説家の三島由紀夫は、天才的な文才を発揮したが、最後には割腹自殺している。彼は幼いときに両親から引き離され祖母に厳しく育てられた。

ネグレクトにより通常の社会人が踏襲する然るべき対人関係構築のステップを経ずに育つと、唐突で一方的なアプローチが多くの場合相手に拒絶され、また少しよくしてもらうとベッタリと依存するようになる。ストーキングというのは、まさに過剰依存行為である。おそらく同僚と三人で食事をしたときに、リチャードはローラにやさしくされたのだろう。本人の勘違いかもしれないが、リチャードはそう感じたに違いない。そのため、食事会のあとからストーキングが過激化した。

依存していた彼女に拒否され、会社に訴えられて職を失ったことで、リチャードは完全に社会の枠から外れてしまい、社会に留まる理由がなくなってしまった。その流れで、一線を越える決意をしたのだろう。先にも述べたが、ネグレクトは愛情というガソリンが入っていないため、いずれガス欠になってしまう。リチャードは、ローラがいようがいまいが、いずれ自爆していたはずだ。それが早いか遅いかの違いで、例えばたまたま入ったレストランの店員から不当なことをいわれたがゆえに、そのレストランを襲撃した可能性もある。

また、ローラとの恋が成就したとしても、依存体質の強いリチャードは毎日何回も電話するだろうし、彼女の行動を監視して病的に束縛したことだろう。精神的に独立した成人女性であれば、そのような男性に嫌気がさして、別れを切り出すに違いない。どの道、結果は同じであったはずだ。

思い返してみると、最初の面会の中で「もともと四〇歳くらいで人生を終わりにしようと思っていたしね」とボソッと漏らした瞬間があった。その背景には、ネグレクトによる愛情の欠如が隠れているのだ。

大量殺人の兆候「暴力化傾向」

アメリカでは銃乱射事件が多発しているが、ＦＢＩは事件の直前に必ず「暴力化傾向」が出ると指摘している。例えば、銃を購入して射撃の練習をするという「現実行動」への移行である。ＦＢＩの担当部署はそのような傾向に気づいたら、すぐに通報してもらい、カウンセリングで抑止する対策を取っている。ただ、暴力化傾向に気づけるのはたいていが身内であるが、身内は保身に走るので通報しない、というジレンマも存在する。

日本では銃を購入できない代わりに、ナイフなどの武器を購入する行為が「暴力化傾向」にあたると考えられる。二〇二二年一二月二五日に埼玉県飯能《はんのう》市で起きた親子三人が殺された事件では、容疑者の自宅から大量のナイフが見つかった。斧のようなものまであったという。殺人を決意した人間は、まず武器を用意する。素手で人を殺すことは、普通の人間には難しいからだ。そして武器を手に取ると、使ってみたくなるのが人間というものだ（第2章の最後で登場する茨城一家殺傷事件の岡庭由征《おかにわよしゆき》の場合もそう）。私が面会したある殺人犯は、殺人を犯す前にナイフで刺す練習を複数回行ったと語っていた。

また、近所の人と揉めるという傾向もある。二〇一九年五月二八日に起きた川崎市登《のぼり》戸《と》通り魔事件では、私立小学校のスクールバスを待っていた児童や保護者が次々と刺され、二人が死亡、一八人が負傷した。犯人の男は直後に自殺したが、その後の調べで男は隣人と「木の枝が伸びて、こっちの敷地に侵入している」ことで何度か揉めていたようだ。ちなみに、犯行に使われた包丁二本のほかに、途中で置いてきたリュックの中からも包丁が二本出てきた。犯行の三カ月前に量販店でそれらの包丁を購入したこともわかっている。

二〇一九年七月一八日に起きた京都アニメーション放火事件の場合は、ガソリンの購入が「暴力化傾向」といえるだろう。

また、執拗に虫や動物を虐待すること、年下のきょうだいや低学年の子をいじめること、他人の住居に無断で侵入して何かを盗んだり食べものを勝手に食べたりすることも「暴力化傾向」といえる。特に重要なのは、暴力的な犯行の前科があるかどうかだ。実際に婦女暴行を犯していたり、妻を殴ったりしていれば、すぐに手が出てしまう習性があるということだからだ。

なんらかのかたちでこういった行動に移しているか、また実行のための具体的計画を立てているかといったことが少なくとも二つ確認できれば、警察は動くべきである。しかしながら、周知のとおり、日本の警察は事件が起きてからでないと動かない。ここまで攻撃的なアメリカ文化をモデルとして踏襲している以上、治安に関してだけ古きよき村社会の警察であり続けるわけにはいかない。日本の警察がプロアクティブな予防的・先行的体質に変わることは、まさに今日喫緊の課題といえる。

リチャードは元軍人だったこともあり、武器を調達しやすかった。ライフル銃に散弾銃二丁、拳銃四丁、そして千発以上の銃弾、防弾チョッキにゴーグルという完全武装だったわけだが、すでに覚悟を決めて何カ月も前から用意していたに違いない。ローラを含めて、小馬鹿にした元同僚らを道連れにして人生を終えるつもりだったことが窺える。ちなみに、リチャードは会社でよくしてくれた同僚のことは撃たなかった。

チャールズ・マンソンは、施設から抜け出して母親に会いにいったが、逆に拒否されて施設に送り返された。チャーリーが執着したのは、支配することだった。人をコントロールすることに執着し、文字を読むのが苦手だったにもかかわらず、心理コントロールの本を読み漁った。

劇場型犯罪のデニス・レイダーには、潔癖症といえるほどの強迫性があり、他人のコントロール願望が強かったし、人から注目されることにも執着した。おそらく、これらの執着は、幼少期の母親のネグレクトに原因があるのだろう。ソファに手を突っ込んで抜けないふりをした母親に、デニスが異常な興奮を覚えた。それによって、相手を完全に思いどおりに支配したい欲望が表面化したのである。

また、母親の豪華な部屋と子どもたちの何もない部屋に分けられて育ったレジナルド・カー（カー兄弟）は、金に執着した。クスリの売人をしていて金回りがよかったにもかかわらず、大した金額でなくても、ＡＴＭから金を引き出させたり、持っている指輪を奪ったりしてしまう。スイッチが入ると、自分の行動を止めることができないのだ。

マンソンやレイダー、そしてカー兄弟とは異なり、両親の放置によるネグレクトがベースの大量殺人犯リチャード・ファーリーは、その心の空白を埋めるべく一目惚れした新入社員のローラに病的に執着した。

本章で登場した凶悪犯罪者たちに共通するのは、やはり**臨界期に十分な愛情を与えられなかった**点である。**母親の愛情を埋め合わせるために、それぞれが心の拠りどころにするものへと執着**していった。

ネグレクトのパターンにはいろいろある。放置や無関心、無視といったシンプルなものもあれば、親が潔癖症で子どもが乳児のときに抱っこするのがいやだったり、自分の子どもをかわいいと思えずに拒絶したり、母親が鬱で病んでいて子どもに注意が向かなかったり、性格的に他者とのコミュニケーションが苦手な親もいたりする。

また、夫婦間が冷え切っていて、家庭内で会話がない場合や、たまたま家族の誰かが事故で入院して、家族全員が見舞いに明け暮れ、子どもと向き合うことができなかったり、上の子が入院することにより下の子がネグレクトを受けることになってしまったりするケースも存在する。

特筆しなければならないことは、**親の側に悪意がなく、意図的ではなかったとしても、ネグレクトは起きる**ことだ。子どもにとっては、悪意があろうがなかろうが、意図的であろうが無意識であろうが、そのときやむを得ない事情があったかどうかなど関係ない。状況を理解することのできない幼い子どもは、「なぜ自分のほうを向いてくれないんだ」と思ってしまうのだ。

現在の日本は、いき過ぎた資本主義社会である。資本主義というのは、消費者主義と同じこと。個人が金を払って消費することで資本主義は機能するからだ。そのため、金を払う者が偉いという風潮がある。そして日々の消費の中心は女性であるため、女性の社会的発言権がより強くなっている。同時に、一人ひとりの購買意欲を高めるため個々の欲望を促進することに拍車がかかることで、社会はより個人個人へと分断されている。結局のところ、自分のやりたいことを追求することがよしとされる自己中心的な社会になっているのだ。

こうした中、母親によるネグレクトは着実に増えてきている。自分の子どもをアクセサリー化し、自分の持ち物のように扱う母親も多い。資本主義は競争主義でもあるため、好みの習いごとをさせたり、ブランド服を着させたりなど、ほかの子と比較するように自分の子どもを着飾る。それは子どもへの愛情でもなんでもない。あくまでも親の欲望を満たすためなのである。このようにして愛情のネグレクトが増加しているのだ。今後ますます、虐待よりもネグレクトが増えていくだろう。

だからこそ、〇~三歳の臨界期の子どもたちの環境を守ることが重要になってくる。臨界期における母親の役割は絶大だ。父親が子どもに実質的に関わるようになるのは、母親に対する生物的依存がなくなる、あくまでも臨界期以降のことである。

特にまだ言葉が十分発達していない〇～三歳の臨界期では、母親が子どもに動物的な愛情（無条件の愛情）をかけることが不可欠だ。そして、このスキンシップに代表される動物的愛情は、いくらやさしくても祖父や祖母、保育士には代わることができない。

凶悪犯罪をなくそうと思うならば、子どもの臨界期に、母親がもっと動物的な愛情を子どもに注いであげること。すべてはそれに尽きると私は確信している。臨界期の子育てにおいて、父親はあくまでそれをサポートするしかできないのだ。

第2章 父親による虐待

日本における要注意指数＝

日本家庭における男性の存在がより希薄になりつつある中、古くから父親が担っていた家庭での役割は母親に取って代わられる傾向にある。しかし、いまだに地方の家父長中心の家庭や一部の男尊女卑的な男性が支配する家庭は存在し、今後も一定数存続するのも確かだ。そのため、未婚カップルの男性による虐待も含めると、彼らの想定不能な暴力・暴言により植えつけられた恐怖が攻撃性へと変容し、思春期に連続的暴力犯罪へと発展するケースは決してなくなることはない。

父親から虐待された子どもは、
「暴力性」と「性欲」が融合し、
継続的な暴力や殺人により怒りを排出するようになる。

二〇二一年六月一日、東京立川のラブホテルで男女二人の殺傷事件が起きた（立川男女ホテル殺傷事件）。デリヘルに勤務していた女性が包丁で胸のあたりを七〇カ所以上刺されて死亡。駆けつけた男性従業員も、部屋から出てきた犯人に腹部を刺されて救急車で運ばれた。

翌日、容疑者は逮捕。犯人は、当時一九歳の無職の男性（以下・A）だった。

彼の父親はタクシーの運転手だったが、トラブルが多く、すぐに訴訟を起こすことから「訴訟魔」と呼ばれていた。同僚と殴り合いの喧嘩になったときは、その同僚に慰謝料を求める訴訟を起こし、結果的に同僚が会社を辞めることになったという。またあるときは、不倫関係にあった女性の夫から訴えられそうになり、逆に名誉毀損で訴えようとしたこともあった。

そのような気性の荒い父親からAは心理的な虐待を受けていたのだろう。父親から「これからの時代は介護だ」といわれ、Aは介護福祉施設で働いていた時期もあったようだ。子どもの意志を無視して自分の価値観や生き方を押しつけるのは、典型的な父親の虐待である。

虐待と聞くと、暴力的なものを想像すると思うが、こういった考えを押しつけるのも虐待なのである。例えば、「お前は男なんだから、涙なんか見せるんじゃない」というのもいき過ぎると虐待になる。また、家族に対する暴言ではなくとも、父親が仕事上の愚痴や文句を家庭内で撒き散らすのも、子どもを過剰な攻撃性に触れさせるという点で虐待といえるだろう。さらに、父親がいつキレるかわからず、家族が常にビクビクしているという虐待のケースは非常に多い。

Aは最初の犯行で捕まったが、もし捕まらなかったら、何人もの被害者が出ていたに違いない。

一九九九年四月一四日に起きた山口県光市母子殺害事件。当時二三歳の女性への強姦目的で侵入した男は、女性に激しく抵抗されたがために絞殺してから強姦。一緒にいた生後一一カ月の長女を床に何度も叩きつけたうえで首を締めて殺害した。

犯人は当時一八歳だった近所に住む大月孝行《おおつきたかゆき》(旧姓・福田)死刑囚。彼は以前から被害者のことを気に入っており、父親と一緒に「無理やりでもセックスがしたい」といい合っていたという。ちなみに、父親は見合い相手（孝行の母親）を結婚する前に強姦。孝行は、そのときにできた子である。

孝行の父親は、ＤＶ（家庭内暴力）がひどく、母親と一緒に日常的に暴力を受けていた。孝行の頭をつかんで何度も風呂の中に沈めるなど、殴る蹴るは日常的だった。

孝行が中学一年生のとき、父親の暴力が原因で母親は首を吊って自殺した。父親は、母親の遺体を息子の孝行に処理させた。孝行は、心の支えだった母親の首をロープからそっと外し、失禁した体を拭き、自殺現場を掃除した。父親はその後、何もなかったかのようにフィリピン人女性と再婚した。

この大月孝行のように、一線を越える経験があると、平気で「人を殺める」ようになる。よく連続レイプ犯と連続殺人犯の違いは何かと聞かれるが、まさに「死と同化」する一線を越える経験があるかないかだ。大月孝行は、母親の自殺遺体を自分で処理したことで、人間的な部分が壊れてしまったのだろう。最後まで破壊しないと気がすまなくなり、セックスよりも殺人で快感を得るようになったのだ。

第１章で紹介した座間九人殺害事件の白石隆浩は、母親が妹ばかりをかわいがって、自分のほうを一切向いてくれなかった。そういった幼いころに「自己の存在を完全否定」されることも、「一線を越える経験」になる。「俺なんて生まれてこないほうがよかった」「生きていても仕方がない」と思うからこそ、他人の命を奪うことに躊躇しなくなるのである。

本書で登場する凶悪犯罪者は、みななんらかのかたちで一線を越える経験をした者たちである。そうでなければ、自分の欲望のために平気で何人もの命を奪うことはできない。

本章では、幼いころの父親の虐待が原因で凶悪犯罪者になった者を取り上げたい。父親から植えつけられた恐怖は、すぐに怒りになるわけではない。「俺はなぜ、あのとき姉ちゃんを助けられなかったのだろう」といった自己嫌悪を抱えながら、あとになってから攻撃性に変わる。日ごろの恐怖は、いずれ攻撃性に変わるわけだが、それは自然が必ずバランスを取るようにできているからだ。

思春期になると性欲に目覚めるわけだが、性欲とは生命力でもある。それまでは「俺なんて生きていても仕方がない」と自殺願望を抱いていた子でも、性欲という自然のエネルギーを得て、生物的に自立していく。ただ、そこに怒りが含まれているため、「女を殺してやりたい」という方向に向かってしまう。重要なのは、自分よりも弱い存在に怒りの矛先が向くことだ。本来であれば、元凶である父親に向かうべきだが、心理的なハードルが高すぎて、第三者である他人を使って怒りを排出することしかできない。だからこそ、思想的なものがない連続殺人犯が自分よりも強い者に向かうことはあり得ない。

性欲と暴力性は、脳内では扁桃体に位置し、互いに影響を与え合っている。つまり、性欲が活性化されると、暴力性も高まるのだ。逆も然りである。そのため、妻や恋人と性行為をしているうちに、急に首を絞めたくなったりするのだ。逆に、人を殺害することで、性的な欲望も解放される。連続殺人犯の中には、性行為を行わない者が多いのも、殺すことで性欲が排出されるからだ。殺人によって排出されるのは性欲だけではなく、対人関係や仕事など、心理的なストレスも一緒に排出される。そして、またストレスが溜まってくると、再び殺人で排出しようとする。ストレスは生命の存続に関わることなので、継続的に殺人を犯して排出する必要がある。それは種の保存の法則でもある。

これから紹介するリチャード・ラミレスは、まさに性欲と暴力性が融合した連続殺人犯である。

プロファイル5

リチャード・ラミレス
——極度の「感情のハンディキャップ」によるサイコパス連続殺人

リチャード・ラミレスの家庭内力学

母親の靴工場での化学物質吸入・
激情的・暴力的父親による心理的・
肉体的虐待・事故による頭強打

10歳からのアルコールと
薬物乱用・従兄による暴力への導入・
悪魔教への傾倒

フリーウェイを利用し気分次第で
鍵のかかっていない家屋に侵入、連続して
レイプ・殺害・死体破壊・窃盗を繰り返す

一九八四年六月二八日、一人の野獣のような目をした男がロサンジェルスのアパートの一室に忍び込んだ。アパートの住民で七九歳の女性を強姦したあと、体中をめった刺しにして殺害。首はほぼ切断されていた。

その九カ月後、一九八五年三月一七日、今度はロサンジェルス近郊の街で女性を銃撃し、彼女の部屋に押し入ると、ルームメイトだった三四歳の女性の頭部を撃って射殺。その一時間後には走っていた車を停車させ、中にいたロースクールに通う三〇歳の女子学生に弾丸を数発撃ち込んだ。

さらに一〇日後の三月二七日には、レストランを経営していた六四歳の男性を銃撃し、四四歳の妻を強姦したうえ複数回刺した。彼女の心臓をナイフでえぐり取ろうとしたが、左胸の肋骨が邪魔で断念。その代わりに両目をえぐり取り、その場を去った。

二カ月後の五月一四日には、老夫婦の自宅に忍び込み、六六歳の男性を銃撃、六三歳の女性を強姦し、金や宝石などを盗んで逃亡。約二週間後の五月三〇日には、一二歳の男の子をクローゼットに閉じ込め、四一歳の母親をソドマイズ（アナルセックス）したうえ、首をナイフで切りつけ、息子を縛りあげた。

同日、今度は八三歳と八〇歳の老姉妹宅に押し入って二人をハンマーで殴り、姉は六週間後に死亡した。体が不自由な妹を犯そうとしたが失敗して逃亡、妹の命はかろうじて助かった。また、姉の太ももには悪魔のシンボルである逆さのペンタグラム（星印）が描かれていた。

さらに一カ月後の六月二七日、三二歳の女性の喉を掻き切って殺害、七月二日には七五歳の女性を殺害、七月五日には一六歳の少女を襲い（命は助かった）、七月七日には六一歳の女性を撲殺し、同日の夜には六三歳の女性を強姦した。

七月二〇日、ガソリンスタンドの経営者夫婦を射殺してから、その足で三二歳の男性宅を襲撃し男性を射殺、二九歳の妻には声を出さないよう悪魔に誓わせたうえでレイプした。さらにはその八歳の息子も犯し、三万ドルの現金を奪って逃走した。

八月八日には、鍵のかかっていない家宅に侵入し男性を射殺、妻のほうはやはり悪魔に忠誠を誓わせたうえ強姦。八月一七日、サンフランシスコで会計士の六六歳男性を射殺し、妻にも発砲したが一命は取り留めた。犯行現場の壁には、やはり口紅で逆さのペンタグラムが描かれていた。

そして、八月二四日、結婚間際のカップル宅を襲撃し、男性の頭を撃ち抜いて女性を強姦した。そのときも女性に悪魔への忠誠を誓わせている。男性は頭に三発もの銃弾を受けたが、奇跡的に助かった。

悪魔信仰の「ナイト・ストーカー」

一九八四〜一九八五年にかけて、殺人一三件、殺人未遂五件、レイプ一一件、強盗侵入一四件という凶行の限りを尽くした犯人は、まるで忍者のように鍵のかかっていない窓やドアから住宅に忍び込んだ。その手口から、「ナイト・ストーカー」というニックネームがつけられた。

「ストーカー（＝徘徊する・つけ回す）」という言葉を日本で流行らせた元祖であるこの男こそが、悪名高いリチャード・ラミレスである。

余談だが、アメリカのロックバンド、マリリン・マンソンの名は、世界一美しいマリリン・モンローと世界一有名な犯罪者である前出のチャールズ・マンソンの名前を組み合わせたことで有名だが、ベーシストのトゥイギー・ラミレス（旧メンバー）の芸名は、有名な女優ツイッギーと「ナイト・ストーカー」であるリチャード・ラミレスから取ったものである。

ラミレスは、男女を襲撃する場合はまず男性を殺害し、そのあとに女性をレイプ、口腔性交、ソドマイズしてから殺害という手口（ＭＯ）が多い。

「悪魔信仰」だったラミレスは、死体の腿部や部屋の壁にそのシンボルである逆ペンタグラムを残したり、レイプした被害者が金を差し出すと「これ以外に本当に有り金がないと悪魔に誓え」と強要したりしている。

また別のケースでは、彼をじっと見つめていた被害者に向かって何度も「俺を見るな」と命令し「目をくりぬくぞ」と脅したり、ある家では母親にフェラチオを強要したあと、八歳の息子を肛門から犯したりしている。また、別の家では三歳の子どもをロープで縛りあげ、母親に「俺が犯している間は絶対に声を出さないと悪魔に誓え」と命令したうえで、その子が見ている前でレイプし続けた。

被害者が八〇代の女性から一〇歳未満の男の子まで幅広く、被害者の人種や外見的特徴もさまざまであったため、最初は同一犯の犯行とは断定されなかった。

しかし、後日、生存者の証言や現場に残された多くの証拠などから同一人物による連続殺人と断定。導入されたばかりの指紋解析技術によって、前科のあったリチャード・ラミレスが容疑者として浮上した。

「ナイト・ストーカー」のニュースは大きく報道され、指名手配されたラミレスの顔がメディアで公開された。ロサンジェルスからサンフランシスコに移動し、再びロサンジェルスに戻ってきていたラミレスは、大好物のコーラとドーナツを買おうとコンビニに入ると、自分の顔が新聞に大きく掲載されていることに気づいた。慌てたラミレスは兄のいるアリゾナに逃げようとバス停に向かうが、群衆が彼のことに気づいて騒ぎになった。逃げ出したラミレスは、途中で車を強奪しようと試みるが失敗。ラミレスと同じヒスパニック系が多く住む地域に逃げ込んで助けてもらおうとしたが、逆に追いかけられて袋叩きにされ、最終的にラミレスは警察に助けを求めた。

サイコパスを生み出した家庭環境

リチャード・ラミレスは、一九六〇年二月二八日、テキサス州のエルパソで五人きょうだいの末っ子（四男）として生まれた。父親は敬虔なカトリック教徒であり、鉄道会社で真面目に働いていたが、家庭内では暴力が絶えなかった。ラミレスは、父親が母親や兄を殴る姿を見ながら育った。本人も虐待されていたと見て間違いない。父親の暴力がいやで、家を飛び出して墓地で一晩過ごすこともあったという。

生まれたばかりのラミレスは、よく食べてよく眠る健康的な子どもだったが、ラミレスを妊娠中だった母親は、働いていた靴工場で接着剤に含まれている環境ホルモンを大量に吸い込んでいた可能性が高い。化学物質によって違いがあるが、環境ホルモンは生体に対して悪影響を与える。

さらにラミレスが二歳のとき、大きなタンスが倒れて頭に三〇針も縫う大けがをし、五歳のときにはブランコが頭に直撃する事故もあった。そのためか、ラミレスは六歳のころからてんかんの発作を起こすようになり、体育の授業に参加できなかったほどだ。

少年時代のラミレスは、父親の影響で毎週日曜日にミサに通っていた。その一方で、窃盗や万引きといった犯罪を日常的に繰り返していた。母親は、末っ子のラミレスを特にかわいがり、彼が問題を起こしても、常に彼の味方になってくれた。

一〇歳のとき、ラミレスは従兄のミゲルと親しくなった。ベトナム帰りのミゲル（元グリーンベレーのメンバー）は、ラミレスにマリファナの味を教えた。また、あるベトナム女性の写真をラミレスに見せながら、その女性の頭に銃口を向けてオーラルセックスさせ、その後、頭部を切り落とした話を聞かせた。ラミレスは、その話を聞いて、性的な興奮を覚えたという。

従兄のミゲルもサイコパス的素養が高かったようで、口論の末ラミレスが見ている目の前で自身の妻を射殺している。ラミレスはそのとき、一三歳だった。

このような幼少期の経験によって、「感情のハンディキャップ」とされる彼のサイコパス的性格が形成されていったものと考えられる。

子どものころは聖書の勉強会にも参加していたが、次第にキリスト教と真っ向から反対する悪魔崇拝に魅入られるようになり、自分の欲望のままに行動するようになった。

サイコパスは、共感や罪悪感を示さず、原始的な感情しか持ち合わせていないため、しばしば「爬虫類」にたとえられる。激昂しやすい父親支配の家庭をはじめ、ラミレスが育った歪んだ環境は健全な感情の発育を阻み、究極の体験でしか感情が刺激されない彼のサイコパス的人格を形成していったものと思われる。

連続殺人犯には、その犯行の特徴から秩序型と無秩序型の二種類に分けられる。秩序型の犯行の特徴は、用意周到に計画され、自分の好みのタイプを被害者に選ぶ傾向が強い。自分とはまったく関係のない被害者をターゲットにし、逮捕を避けるため現場に証拠を残さないように気を配る。また、被害者を拘束して自分のコントロール下に置き、レイプしてから殺害することが多い。

一方の無秩序型は、計画性も何もなく、たまたま出くわした人物をいきなり殺害する。被害者の年齢や性別、人種に共通性がなく、現場には犯人の痕跡が多数残されている。また、すぐに殺害してしまうため、強姦するのは死後であることが多い。

秩序型の犯人は長男、無秩序型は次男や三男などに多いとされているが、典型的な無秩序型であるラミレスも、やはり五人きょうだいの末っ子（四男）だった。

「性的なこと」と「自分のこと」しか興味がない

ラミレスは、収監されているサン・クエンティン刑務所の死刑囚棟（Death Rowを略してRowと呼ぶ）でもよく知られたトラブルメーカーだった。当時私がやり取りしていた、やはり死刑囚の学校乱射犯エリック・ヒューストンが「あいつは自分勝手だからまわりのみんなから嫌われてるよ」と話していたことがある。他人の感情が理解できず自分のことしか頭にないサイコパスのラミレスには、ほかの死刑囚たちのように刑務所のルールに素直に従うことができないのであろう。

女性をターゲットにする連続殺人犯の最たる者は、女性以外とはやり取りをしない。それでも日本人であることが珍しかったのか、私とのやり取りは一年ほど続いた。しかし、私の核心的な質問には一切答えてくれず、小学校のころに見たプラネタリウムの話や遊園地にいった話など、他愛もない話題ばかりだった。私が面会を希望している旨を伝えても、完全にスルー状態であった。

彼からの手紙が途絶え始めたころ、私は作戦を変え、女性になりすまして手紙を送ってみた。すると、すぐにラミレスから返事があった。その手紙には、「シャワーを浴びるとき、どこから洗うの?」「ファーストキスはいつ、どんな場所だった?」といった性的なことばかり書かれていた。私は自分にその気がないのに、しつこい男性にいい寄られる女性の気持ちがどんなものなのか少し理解できたように感じた。

その後も女性になりすまして「人を殺すって、どんな気持ちなの？」といった質問を投げかけてみたが、そうした質問はことごとく無視された。

ラミレスとのやり取りで印象的だったのは、彼の若かりしころの武勇伝だった。

一つは「真夜中に友だちとジープで砂丘を猛スピードで走って急ブレーキを踏んだら、あと数センチで巨大な穴に落ちるところだった」という話で、もう一つは「サンタクララの海岸からはるか沖のほうまで泳いでいったとき、海上警備隊のヘリが近づいてきて、スピーカーでこのあたりはサメが多いからすぐに岸に引き返すようにいわれたことがある」という話だった。

自分が関心のある性的なことやエキサイティングな出来事にしか興味を示さない事実からも、ラミレスがサイコパスであることが窺えるが、特にこの二つのエピソードは、彼の感情のハンディキャップのレベルがかなり高いことを如実に物語っている。

ラミレスは女性から人気があった。法廷にサングラス姿で現れるラミレスを見るために、多くの女性が傍聴に訪れた。彼はハンサムだったが、お菓子ばかりを食べ、コーラばかりを飲んでいたため、虫歯が多く、口臭がかなりきついことで有名だった。食べるものに無関心だったり、匂いに鈍感だったり、衛生面に気をつけないのも、極度の感覚麻痺であるサイコパスの特徴といえる。

二〇一三年六月七日、リチャード・ラミレスは悪性リンパ腫で獄死した。五三歳だった。

リチャード・ラミレスは、幼いころの父親からの虐待に加え、暴力的な従兄の性的経験を目の当たりにすることで、「感情のハンディキャップ」が生じた。それは、本章の最初に述べた「一線を越える経験」であり、それ以降、まるで爬虫類のように自分の欲望のままに行動するようになった。

ラミレスは典型的なサイコパスだ。ただし、サイコパスといっても、ひとくくりにすることはできない。各人物によって、サイコパシーレベルは異なる。

サイコパスを診断するテストとして、サイコパシー・チェックリスト（PCL-R）というものがある。二〇の項目における質問に対する答えを〇～二点で採点し、満点が四〇点、三〇点以上でサイコパスと認定される。

サイコパス診断資格を持っている私から見て、本章で紹介したリチャード・ラミレスはまず間違いなく四〇点満点だろう。最初に紹介したチャールズ・マンソンも、そのキャラクターは異なるが、おそらく満点だ。

次章で紹介するボビー・ジョー・ロングは三五点くらいかもしれない。ひとくくりにサイコパスといっても、三〇点の人物から四〇点の人物まで、サイコパシーレベルは異なる。

サイコパシー・チェックリスト改訂版（PCL-R）

1	口達者／表面的な魅力
2	誇大的な自己価値感
3	刺激を求める／退屈しやすい
4	病的な虚言
5	偽り騙す傾向／操作的（人を操る）
6	良心の呵責・罪悪感の欠如
7	浅薄な感情
8	冷淡で共感性の欠如
9	寄生的生活様式
10	行動のコントロールができない
11	放逸な性行動
12	幼少期の問題行動
13	現実的・長期的な目標の欠如
14	衝動的
15	無責任
16	自分の行動に対して責任が取れない
17	数多くの長続きしない婚姻関係
18	少年非行
19	仮釈放の取消
20	多種多様な犯罪歴

出典：Hare RD. Manual for the Hare Psychopathy Checklist-Revised. Multi-Health Systems, 1991.

それぞれの項目は、〇－二点で評定、総計で〇－四〇点に分布する。成人で三〇点を超えるとサイコパスとされ、二〇点未満であるとサイコパスではないとみなされる。子どものサイコパス傾向についての基準はあまり確立していないが、二七点がカットオフ値。

二〇一九年九月二三日の深夜に起きた茨城一家殺傷事件の岡庭由征《おかにわよしゆき》も、他者に対する共感が極度に欠如した高度のサイコパスであろう。

岡庭は茨城県の民家に住む小林さん宅に忍び込むと、夫婦二人の顔や首などを一〇カ所以上も刺して即死させた。当時一三歳の長男は重傷、一一歳の次女は軽傷、二一歳の長女は無傷で無事だった。

金品を物色した形跡がないことから、一家への恨みの線を中心に捜査が進められたが、犯人逮捕には至らなかった。

事件が発生してから一年八カ月後、ようやく埼玉県三郷市に住む岡庭由征が逮捕された。被害者との接点はまったくなく、犯行時が初対面だったという。岡庭由征の部屋からは七一本ものナイフが出てきた。

岡庭由征の実家は地元の名士で、地域で多くの土地を所有していた。また、母親は歴史ある神社の出身で、両家ともに権威主義だったようだ。父親は庭に入ってきた猫を追い払い、「猫なんて生きていたらダメなんだ」と何度も発言していた。由征は「猫は敵だ」と刷り込まれ、小学校高学年くらいから近所の猫を虐待するようになる。高校生のときには、猫の生首をポケットに入れて帰宅したこともあった。

また岡庭は、高校生のときに通り魔事件を二度も犯している。女子中学生のあごを包丁で刺し、小学生の女児には脇腹を複数回刺して重傷を負わせた。そのときの岡庭は、「女性を襲うことに性的興奮を覚えた」「殺害して首を持ち帰ろうと思った」と発言している。

さらに、バイクや自動車に対する三〇件もの放火も疑われている。前述したが、動物虐待と放火は連続暴力的犯行の兆候である（マクドナルドの三兆候）。

近所の住人による事件現場近くでの不審者の目撃から、岡庭由征は事件前に下見をしていたことがわかっている。彼は用意周到に計画していたのだろう。逮捕から逃れるために、自分とはまったく関わりのないターゲットを選んだことも、そして「殺すほうが興奮する」という発言からも、彼のサイコパス素養が窺える。

彼が逮捕されたとき、リュックの中からナイフが出てきた。これから東京にいって人を殺す予定だったという。

私たちのすぐ身近に、こういった脅威が存在する事実を改めて認識してほしい。

幼少期の家庭環境から読み解く

凶悪犯プロファイル

著者がコンタクトを続けてきた

凶悪犯たちの直筆イラストと手紙の一部

チャールズ・マンソン直筆のイラスト

自分の住んでいる房が世界のすべてとなっているチャールズ・マンソンには、満たされない感情が表れているのではないか。また、赤い色にはマンソンの押さえられない感情が潜んでいるとも思われる。どちらも、彼のいる房から見た世界なのであろう。

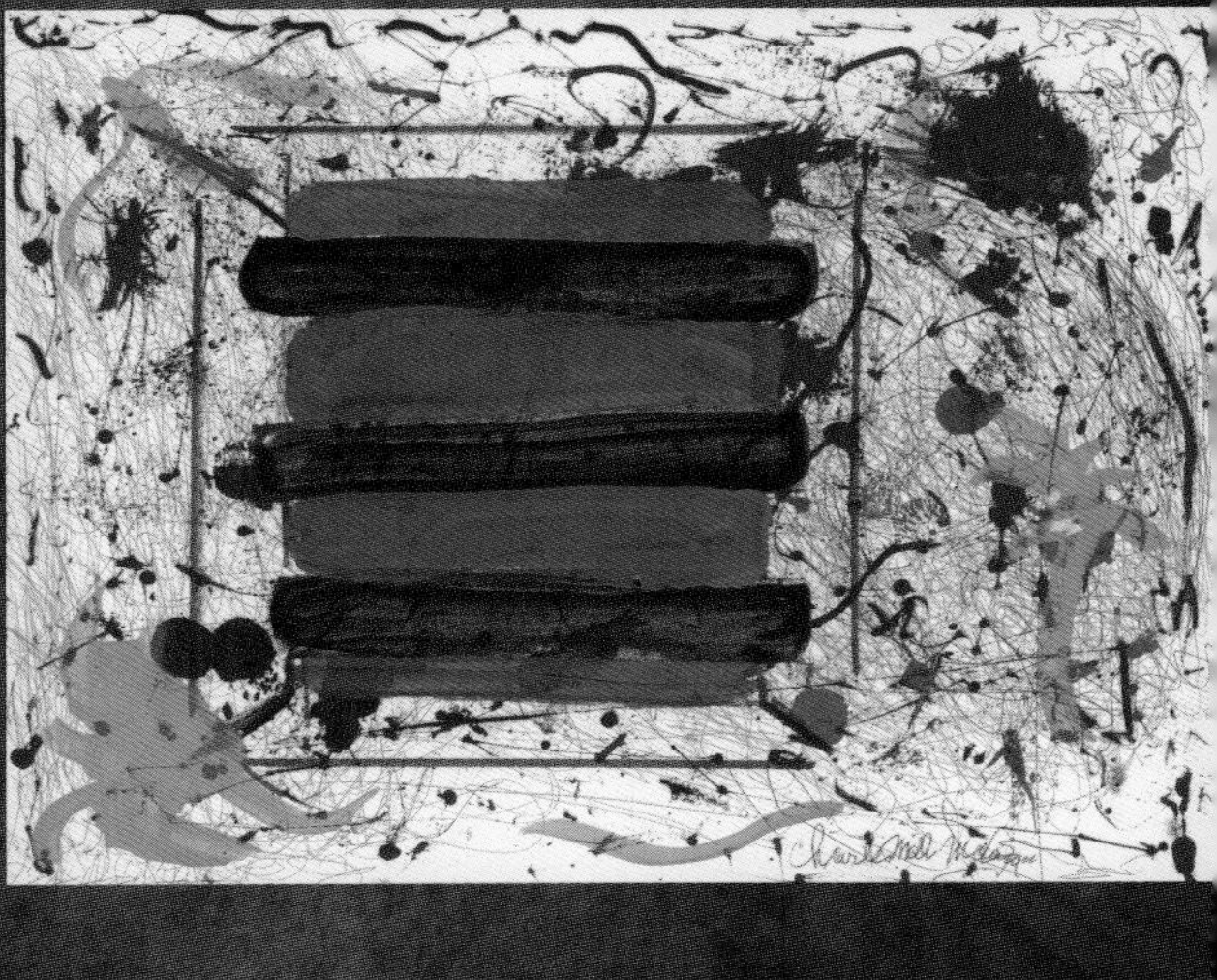

from my grandfathers grave of world war one I shall
English words Counts laws rights in Revelations of the dead
graves of WWI going one way [+ WW2 going the other
is the 3 going 手 Comeing - 365 all gods as one abraxas
手 (圧) Air - I am Empror of world + my other myme
Empro are at war with a Beast a 1000 times biger
+ I win over its ship sat TAKE That WORLD + God
TRUTH knows it - a TIME gos By +
another beat ~~is put togather~~ + beets me +
his world dies because he didnt beet ALL of
me - MY WIN was in TRUT HIS WIN was
a steel in lie - my TRUTH is NOT NOT my
TRUTH God is TRUTH I can be
Empro the Dragons but the TRUTH
is AIR - TREES - WATER ALL life
the SUN MOON + Behond - all the
words that go with COUP play in to the
one world where the truth still endures -
read this 10 TIMES, = once once couped - a COUPED in
HERALDRY DENOTING That The HEAD or any HEAD

JUST a Thought

Charles Mille Manson

チャールズ・マンソン直筆の手紙

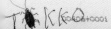

リチャード・ラミレス直筆のイラスト

女性のイラストを描くということから、ラミレスに性的な欲望が消えていないことがうかがえる。

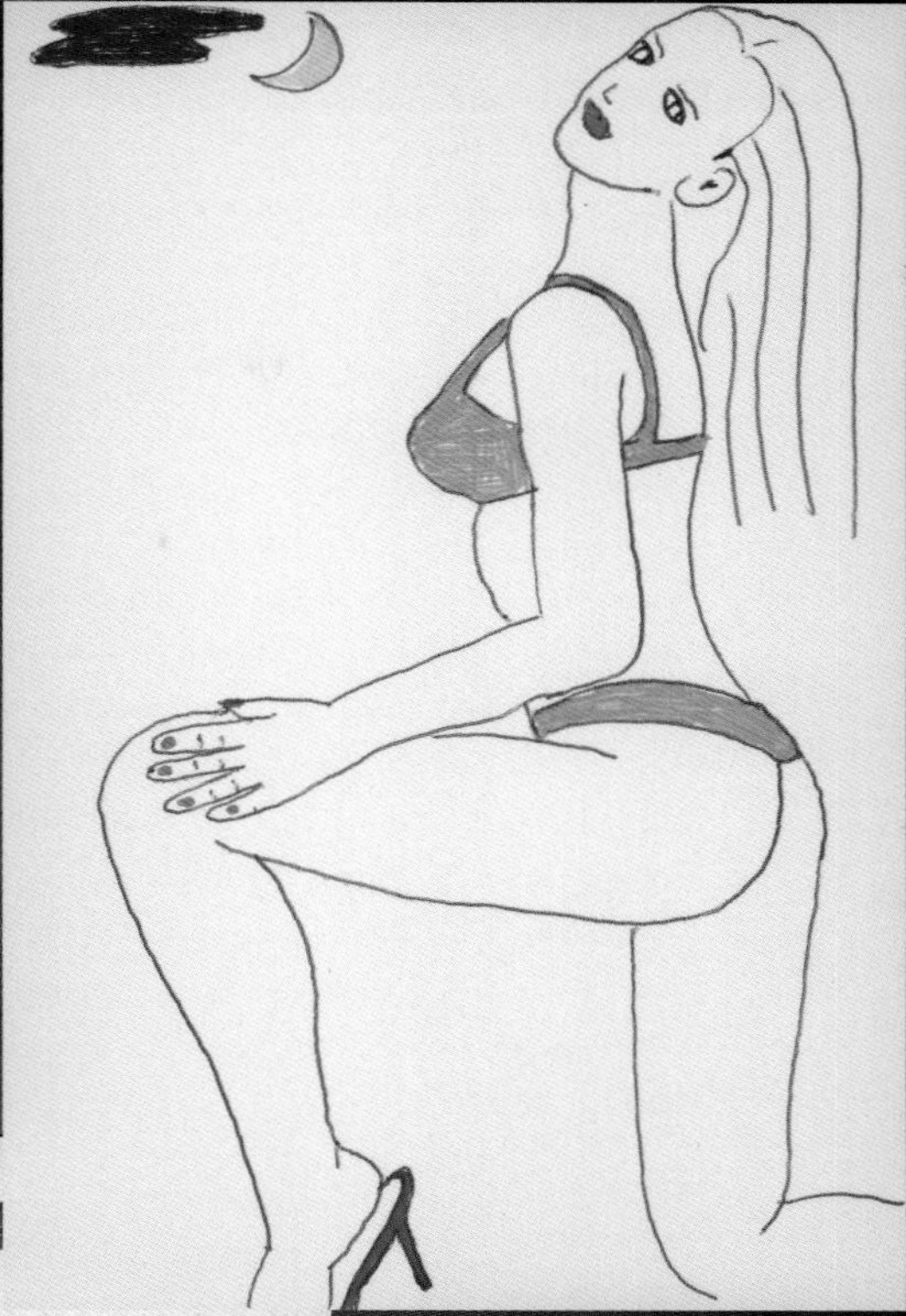

恐竜のイラストは、自分の絶対的な力を示そうとしているのではないだろうか。彼の中にある、怒りの感情も消えていないと思われる。

セオドア・カジンスキー直筆の手紙

TJK to KENJI ABE March 3, 2011 2.

disadvantage relative to those organizations that pursue power without restraint. Consequently, the world is largely dominated by organizations that ruthlessly exploit wild nature whenever it is to their advantage to do so -- though for propaganda purposes such organizations make a pretense of respecting nature.

Thus, the destruction of wild nature by human beings can be limited only by limiting human beings' power to destroy nature. Modern technology is the main source of humans' destructive power, therefore wild nature can be saved only through the elimination of modern technology; that is, through the collapse of the technoindustrial system.

Extended discussions related to the foregoing can be found in my recent book Technological Slavery, pages 13-15, 256-348, 368-370. You can get Technological Slavery from the publisher:

[redacted]

USA

email: [redacted] OR [redacted]

but you can probably get the book much more cheaply from amazon.com.

Sincerely yours,

Ted Kaczynski

研究者だけあって、とても理路整然としている手紙。カジンスキーからの手紙は、いつも論文形式にのっとっていた。また、右ページ手紙の最後のほうにアンダーラインが引かれているあとにある数字は、彼の著書のページを示している。ここまで記憶していることに、彼の強迫性の一端がうかがえる。

TED KACZYNSKI
to
KENJI ABE, Ed. D.
[redacted]
[redacted] TOKYO [redacted]
JAPAN

March 3, 2011

Dear Dr. Kenji Abe:

Thank you for your letter postmarked February 11, 2011. As you probably know by now, I was not allowed to receive the book that you sent with your letter. The book should have been returned to you by the prison staff, with a rejection notice. Prisoners here are allowed to receive only books that are sent directly from the publisher, a book club, or a bookstore. But it is not a good idea to send me books even by ordering them for me from a publisher, because prisoners here are permitted to have only a limited number of books in their cells. I usually have as many books as I dare to keep, so if someone sends me an additional book I don't know what to do with it.

You ask how I think people should live in relation to animals. I have never given any thought to this specific question, so I can't answer it. I can tell you how I think people should live in relation to wild nature generally: People should interfere with wild nature as little as possible.

What happens in practice, however, is that the human organizations that achieve power tend to be those that most assiduously pursue power. Organizations that exercise restraint in the pursuit of power out of consideration for wild nature place themselves at a

デニス・レイダー直筆の手紙とイラスト

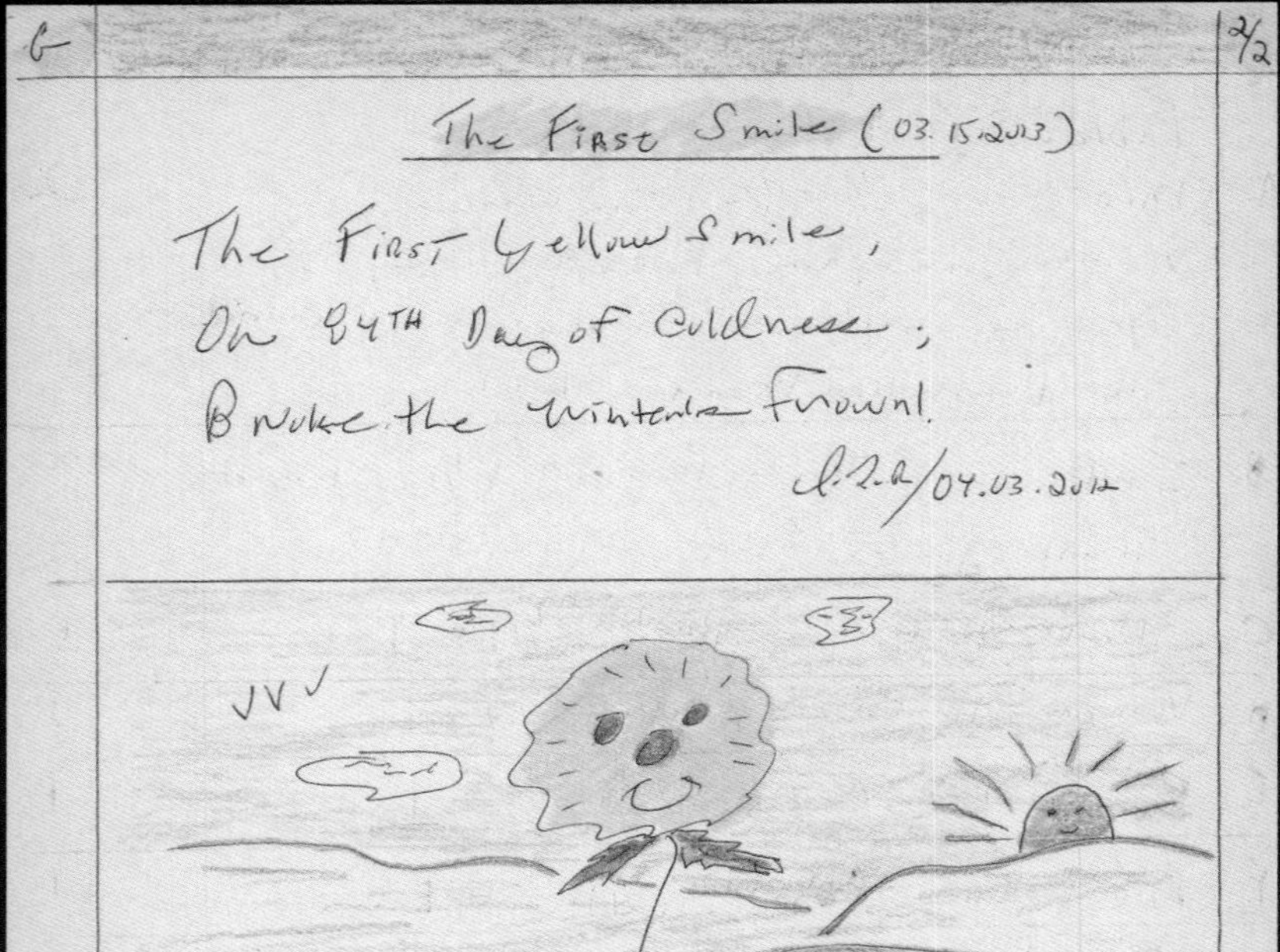
6 2/2

The First Smile (03.15.2013)

The First Yellow Smile,
On 84TH Day of Coldness;
Broke the Winter's Frown!

D.L.R./04.03.2013

DLR.04.03.13

Number 14 poem, For the year, A Japanese "Haiku" I wrote to honor the First Dandelion, I spotted on 03.15.13, it was the only one that brave the still cool Seasonal air.

手紙にはタンポポが描かれている。タンポポが好きだと著者が伝えると、デニスも同じらしく、毎回描かれてきていた。すべての手紙には、罫線が引かれており、カジンスキーほどではないが、強迫性がうかがえる。左ページのイラストは、本文にもある「歯モンスター」。彼には、ベッドのしわがこのように見えていたのだろう。

"Tooth-Head"

Cave Monsters Series #5: D.L.L. 08/20/2013

ケネス・ビアンキと著者とのツーショット写真

ケネス・ビアンキと著者の貴重な写真。彼とは、今でもやり取りが続いている。クリスマスの時期になるとメールであいさつが届く。「ヒルサイド・ストラングラー（丘の絞殺魔）」と呼ばれるだけあってか、面会に行った別れ際に交わした握手での彼の握力の強さは今も忘れられない。

第3章

母親による虐待

日本における要注意指数＝

母親による家庭の独占傾向が進む中、子どもの教育は母親が中心になっている。そうした中、母親は子どもに激昂するタイプよりも、子どもを心理的にコントロールしようとするタイプのほうが多い。そのため、母親による虐待は増加傾向にあるとはいえないが、それでも家庭という密室において自分の思いどおりにならない子どもに激昂する母親はなくなることはない。

攻撃的な母親に育てられた子どもは、
「攻撃性」と「性欲」が融合し、
性的対象に怒りを爆発させる。

二〇一五年八月一三日、大阪府寝屋川市に住む中学一年生の男子と女子が行方不明になり、二人は遺体で発見された。大阪府高槻市の駐車場で発見された女子の遺体は、粘着テープで縛られており、三〇カ所以上も切り傷があった。男子の遺体は山林に捨てられていた。

逮捕されたのは、大阪府枚方市に住む四五歳の山田浩二《やまだこうじ》。彼は、男子中高生らに対するわいせつ行為など、前科八犯の人物で、二〇一四年一〇月に刑務所から出てきたばかりだった。

山田浩二の母親は、子どもへの愛情がなく、いつも大声で怒鳴り散らしていた。それは隣の家まで聞こえるようなヒステリックな怒り方だったという。また関西弁でいうところの、子どもをドツキまわしてもいたようだ。攻撃的な母親に対して、父親は無関心だった。

山田家の住宅は、まさに文字どおりのゴミ屋敷だった。モノが多くて汚いだけでなく、猫が死んでしまったときは、放ったらかしのままだったようで、異様な臭いが漂っていたという。母親の激昂が彼の家庭内力学の主要因であったことは間違いない事実だろう。

そんな環境で育った山田少年は、小学生のころから異常性を発揮していた。鍵のかかっていない家に勝手に侵入して好き放題していたという。また中学時代は窃盗や傷害などを繰り返し、弱い者いじめをしていたという。高校にいかずにふらふらしていた山田浩二は、仲間とバイクを乗り回して、シンナーや麻薬にも手をつけていたようだ。


本章では、母親による虐待を取り上げていく。母親から虐待を受けた子は、思春期になると、激情的な母親の攻撃性と自身の性欲が融合することで、性的対象者に怒りを爆発させるようになる。

山田は同性愛者だった。母親がキツかったため、女性に対して性的な意識を持てなかったものと思われる。そのため、山田の対象になったのは、男子中学生や男子高校生だった。中学一年生を二人殺害したが、本当は男子にしか関心がなく、女子はたまたま一緒にいたため連れ去られ、騒ぐから殺されたものと思われる。

これから紹介するアメリカの凶悪犯罪者は、いずれも女性をターゲットにしたものである。通常のセックスでは満足できず、女性を絞め殺すときに別次元の快感を得ていた者たちである。

その根底には、性的対象者である女性への嫌悪や憎悪がある。それは、幼いころの母親から受けた肉体的、または心理的虐待によって植えつけられた怒りであり、女性全体に対する復讐なのである。

プロファイル6

ボビー・ジョー・ロング

——病的な性欲を抱えたセックス中毒

ボビー・ジョー・ロングの家庭内力学

気の強い母親による**心理的虐待**・
母親のあからさまな性行為による
早期の性的刷り込み・
オートバイ事故による頭強打

三行広告で持ち物を売ろうとしている
女性宅を訪れ**連続レイプ**を何度も
繰り返したあと、**連続殺人**へと移行

一九八四年一一月三日深夜、アルバイトを終えた一七歳の少女が自転車で帰路についていた。愛車のダッジ・マグナムで街を徘徊していた大柄の男は、自転車に乗っていた少女に狙いを定めた。気づかれないように車の陰に隠れて、目の前を通り過ぎようとする少女の髪の毛をつかみ、自転車から引きずり降ろして車に押し込んだ。男は少女の手足を縛って目隠しをし、自分のアパートに連れ込んだ。アパートで監禁された少女は、男に何度も性的暴行を受けた。

男の名前は、ボビー・ジョー・ロング。彼は強姦の常習犯で、その時点ですでに五〇人以上の女性が被害に遭っていた。

ボビーはそのMO（手口）から「三行広告レイプ魔」と呼ばれた。彼は地元新聞の「三行広告」を舐めるように眺めて、例えば「家具を売ります」といった広告を見つけると、まず電話で相手が女性かどうかを確かめる。もし女性だったら「見せてほしい」といって訪問し、自宅に男の気配がないことがわかるとトイレを借り、レイプの七つ道具を取り出して一気に襲いかかる（ボビーにいわせると、この一気に襲いかかる瞬間がゾクゾクとするらしい）。女性を縛り上げては、何時間もかけて何度も犯し、金目のものを奪って逃走した。

犯行がレイプから殺人にエスカレートしたのは、一九八四年になってからだ。最初の被害者はアジア系の二〇歳の娼婦で、行為の最中に首を絞めて殺害するところまで発展してしまった。そのときの快感が忘れられなかったのか、その後、ボビーはたった一年で一〇名の女性を殺害している。先ほどの一七歳の少女は、九人目の被害者になる予定だった。

ボビーが標的にしたのは、娼婦ばかりだった。そういう女性だったら殺してもかまわないと思っていたフシがある。ストリートガールを求めてフロリダ州のレッドライト地区(風俗街)を愛車で徘徊し、近づいてきた女性と交渉して車内に誘い込む。自分のアパートへ連れ込んで監禁しレイプして殺害するという行為を繰り返した。殺害方法は、ロープや素手で首を絞めること(ストランギュレーション)が多く、鈍器で撲殺したりナイフで喉を切ったりすることもあった。

幼いころの抑圧された感情が性的エネルギーと融合

ボビー・ジョー・ロングは、一九五三年一〇月一四日、ウェスト・ヴァージニア州のケノヴァという町で生まれた。幼いころに両親が離婚し、母親と一緒にフロリダ州に移り住んだボビーは、住居を点々としながら貧しい生活を送った。

狭い部屋にベッドは一つしかなく、一二歳になるまでボビーは母親と同じベッドで寝ていた。転校が多かったため、短気で切れやすい彼は、転校初日は必ずといっていいほど、殴り合いの喧嘩になった。

母親のルーエラ・ロングは、歩いているとほとんどの男性がふり返るほどの「美人」であり、ボビーと一緒にビーチを訪れると男たちがしつこくいい寄ってきたという。また子どもを養うためにバーで働いており、酔った勢いでボーイフレンドを自宅に連れてくることもよくあった。幼いころのボビーは、ベッドの真横で母親の性行為を何度も目撃しながら夜を過ごしていたという。

母親のルーエラは気性が荒く、ボビーとの口論が絶えなかった。しかしボビーは、「母親なりにベストを尽くしてくれたと思うし、そのことに俺は感謝している」と私に語っていた。

この「母親の正当化」は、連続殺人犯に共通したパターンだと、私は考えている。私がやり取りを重ねた連続殺人犯の中には、乳飲み子の年齢で母親に捨てられたり、母親にベルトや電気コードでお尻を叩かれたり、気の強い母親と喧嘩になって家を飛び出したりといった過去を持つ者が多い。彼らに共通しているのは、大人になってから当時を「ふり返る」と、「あのころは、母親はそうするしかなかったんだ」と自分自身を納得させようとする点だ。

しかし、心の底からそう思っているわけではない。「母親は神聖な存在であり、母親について否定的なことをいってはいけない」という社会的タブーに抑圧されたことで、子ども時代の彼らが確実に感じていた怒りや痛み、寂しさ、つらさ、憎しみといった否定的・攻撃的な感情が完全にいき場を失っていた可能性が高い。思春期になると、その感情が性的エネルギーと融合し、女性全体を蔑視する制御できない暴力的な性欲に発展していくという図式が成立する。

精神科医フロイトは、「抑圧されている無意識が人間行動をコントロールしている」と述べている。ボビーの連続殺人につながる「家庭内力学」は、気性が荒く彼が子どものころから性行為を見せつけた母親にあったといえるだろう。

このことに加え、二〇歳ごろにオートバイ事故で前頭葉にひどいダメージを受けたことも大きな影響があったものと考えられる。大脳の前部にある前頭葉を損傷すると、自制心を抑えられなくなる。実際、事故後のボビーの「性欲」は病的なまでに強烈なものに変容した。

ボビーは高校時代からつき合っていたシンディと結婚していたが、彼の病的な性欲に、妻シンディは応えることができなかった。ボビーは毎日三〜五回は性交を強要し、それでも満足できなくて自慰に耽ることも多かった。

そして、妻シンディとの離婚後、彼は強姦という犯罪に手を染めるようになった。

あとでふり返って「あのころ、母親はそうするしかなかったんだ」と擁護するのは、自分が連続殺人犯になった原因が母親にあったことに気づいていない証拠でもある。逆に、原因が母親だとはっきりと認識し、その元凶である母親を殺害すると、その時点で殺害衝動はストップする。

一九七〇年代にカリフォルニア州で起こった連続殺人事件の犯人エドモンド・ケンパーの場合がその典型だ。両親が離婚し、大学の事務員だった母親に引き取られたエドは、身長が二〇六センチもあったことから、母親が妹の身を案じ、毎晩彼を家の地下室に閉じ込めるようになった。そのため、エドは不自由な生活を強いられていた。また母親は、エドの顔を見るたびに、別れた不甲斐ない夫の顔を思い出していた可能性が高い。その後、大人になったエドは、合計一〇名を殺害した。九人目の被害者となったのは母親であったが、実質上、母親殺害後の彼にはもう殺人願望はなくなっていたという。

エドモンドのように、元凶が本人によってはっきり認識されていれば、直接そこに攻撃性を向かわせることで怒りは解消されるが、多くの場合はそれに気づかないため、母親を憎むことすら自ら抑圧してしまうのだ。

「三行広告レイプ魔」の逮捕劇

アルバイト帰りにボビーに拉致された一七歳の少女リサ・マクヴェイは、二六時間後に解放された。彼女は、自分が病弱な父親の介護をしている唯一の存在だと言葉巧みに信じ込ませ、絶対にボビーのことはしゃべらないと約束して見逃してもらったのだ。

リサは目隠しをされていながらも、誘拐現場から監禁されたボビーの自宅までの時間や、アパートの二階までの階段の数を覚えたり、またボビーの部屋のあちこちに自分の指紋を残したりした。

リサが解放されてから二日後、ボビーは逮捕される。リサが残した証拠と証言が逮捕の決め手となった。リサの殺人鬼からの生還は、のちに『私を信じて――リサ・マクヴェイの誘拐』という映画になり、数々の賞を受賞した。リサは現在、警察官となり自分と同じような被害者を出さないため、街の安全に取り組んでいる。

ボビーはリサを自由にしてから逮捕されるまでに、さらに二人の女性を殺害し、合計一〇名の女性を強姦し命を奪っている。

二〇一九年五月二三日、ボビーの死刑が執行された。リサは最前列で彼の最期に立ち会った。

映画と音楽に詳しかった連続殺人犯

私は日ごろから、誰でも「自然の摂理（＝ルール）」の中で生きて然るべきだと考えている。そのため、「正当な理由なく人を殺めれば、自分も殺される」のは誰にも否定することのできない「絶対のバランス」であると考えている。

この前提に立ったうえで、究極の凶悪犯罪に至った者たちとできる限り同じ目線で物事を見て、「親しい関係」を築き、警察や刑務官、精神科医には明かさないような情報を入手することに努めている。殺害行動の肯定と被害者の冒瀆だけはしないが、それ以外は柔軟に対応するというのが私の姿勢だ。

ボビーと私は特に仲がよかった。彼は私の質問にはなんでも答えてくれたし、音楽や映画など、私の知らないさまざまなアメリカ文化についても教えてくれた。おすすめの音楽リストを送ってくれたこともあれば、面白かった映画を紹介してくれたこともあった。彼は話題が豊富で、ときにジョークを織り交ぜながら、私たちは完全な「親友」として文通を楽しんでいた。

そのため、「当時私が彼の友だちだったら、私に連続殺人の片棒を担がせただろうか?」などと思うこともあった。事実、相棒を連れる連続殺人犯は少なくない。

ボビーは私にいくつかのエピソードを語ってくれた。

彼がまだ二〇代前半で葬儀屋のアルバイトをしていたときのことだ。グレイブヤードシフト(「墓場シフト」と呼ばれるオールナイトの労働のこと)で店長がいなかったとき、暇つぶしに当時仲のよかった女の子をバイト先に呼んだらしい。棺に入った遺体と並んで未使用の棺があったので、その子に「裸になって棺に横たわってみなよ」と話したら、その気になって裸で棺に横たわったので、ボビーは棺のふたをいきなり閉じて鍵をかけてしまったという。その後、そこで男女の乳繰り合いをしたと手紙に書かれていた。そして、その手紙の最後の一行に「心配しなくていいよ。その子はまだ生きてるよ」とニコちゃんマークをつけて追記されていた。

また「人を殺す快感ってどんなの?」とストレートに尋ねたこともある。ボビーは、間接的に「映画『American Psycho(アメリカン・サイコ)』の射殺シーンと『Red Dragon(レッド・ドラゴン)』の燃え上がる車いすが坂を転がるシーンはなかなかイケてる」と答えてくれた。早速、ＤＶＤを購入して、二つの映画を確認した。

『アメリカン・サイコ』は、誰もが羨むような一流企業の副社長である超エリートのサラリーマンが、夜の繁華街をさまよって浮浪者や娼婦を殺害するというストーリーだ。主人公が拳銃で男性を射殺した際、射精を思わせるように身悶えるシーンと、自分に好意を寄せている秘書を自宅に呼んだ際、何度もうしろからチェーンソーで殺害を試みては思い留まるシーンが印象的だった。

『レッド・ドラゴン』は有名なハンニバル・レクター博士シリーズの作品で、上唇に先天性障害を持って生まれた男が、自分の背中全面に悪魔のタトゥーを入れることで悪魔と化し、過去に彼の怒りを掻き立てた男を車いすに縛りつけて、ガソリンで火をつけて坂道を転げ落とす、という究極の暴力シーンが圧巻であった。

ボビーは、おそらくこのときの男たちに似た快感だと私にいいたかったのだろう。

性欲に対する異常な執着

ボビーには、先にも述べたように高校時代からつき合っていた妻がいて、二人の間には子どももいた。離婚してしまったが、ボビーは女性を魅了するだけの魅力を持ち合わせている男だった。

しかし、「通常のセックス」だけでは得られない「別次元の快感」が彼の欲望の中に根ざしていたことは間違いない。ちなみに、その離婚した妻に対しても、彼女があまりに彼のことをメディアにしゃべり過ぎたため、ボビーは「もし俺が外にいれば間違いなく殺している」と怒りの対象として語っていた。

ボビーの性欲に対する異常執着は、一〇年近く彼とやり取りした私には、十分過ぎるほど実感できた。例えば、「ほかの写真に混ぜて、それとはわからないように女性器の写真を送ってくれ」というのはあいさつ程度で、「もしこういう状況だとしたら俺とお前でどんなふうに3Pする?」など、毎回、手紙の三分の一程度はそうした内容が書かれていた。

彼の手紙は、「どういうシチュエーションが最もムラムラするか?」といった質問をすることで、私の心の奥底にある欲望や性嗜好を告白させ、私を精神的にコントロールしようとするものだった。ボビーの妄執は、私がこれまで一度も経験したことがないほど、執拗で強迫的なものだった。もし私が女性だったら、(仲がよいので殺されはしなかっただろうが)間違いなく体がボロボロになるまでやられていたであろう。

彼の性的な執着に対応するのは、男性である私でもかなり大変だった。しかし、これが連続殺人犯の性的殺害衝動の強さなのかと肌で感じることができたという点では大変勉強になった。

一度、女優ルーシー・リューのヌード写真をほかの写真に混ぜて送ることができたときの彼の喜びようは、まるで長年ほしがっていた自転車を買ってもらった子どものようであり、彼はそれを自分が寝るときと目が覚めたときに必ず目にする位置に貼ると手紙に書いてきたほどであった（郵便担当者によってチェックのレベルが異なるが、特に性犯罪者の場合、ヌード類は毎回厳密にチェックされ手紙ごとブロックされてしまう）。

ここまで必死なら仕方がないと私に思わせるほど、ボビーの性への執着には不動のものがあった。

社会的タブーに抑圧された欲情

「犯罪者はパートタイマー」という言葉がある。多くの人は誤解しているが、凶悪犯罪者といえど四六時中、犯罪のことばかり考えているわけではない（考えている時間はたしかにかなり多いと思われるが）。

フロリダ州とテキサス州は、カリフォルニア州とは違い、死刑が確実に執行される州である（カリフォルニアは最高裁判決まで三〇年近くかかり、現在は死刑反対のギャビン・

ニューサム知事がサン・クエンティンの死刑囚を一般刑務所に移送分散させている)。シリアルキラーとして有名なテッド・バンディーが処刑されたとき、刑務所内の囚人たちから歓喜の声が湧き上がったそうだが、ボビーは、「人が死んだことを祭りのように思える奴らの気持ちがわからない」と私に話していた。

また、オスカー・レイ・ボーリンJr.という三名を殺害した連続殺人犯が、処刑される前に「寝ても覚めてもこの小さい檻の中なら死んだほうがましだ」といい残した際も、ボビーは強い共感を示していた。同じ心の闇を抱えた者同士でありながら、互いに対するリスペクトがあったのかもしれない。

連続殺人犯は、究極の病的殺人者だ。しかし、ボビーをはじめ、多くの殺人犯とやり取りをしてきた私の印象は、一般に思われているような「感情のないアンドロイドのようなサイコパス」とは異なる。むしろ彼らは心の一部に「強烈に暴力的な性的破壊欲」とでもいうべき闇を抱えていて、それを自分でもコントロールできないといった印象だ。「過去の惨めさ」を連想させるような状況に遭遇した際に生ずる鬱憤や怒りがある程度蓄積されると、「性欲」が生じるたびに他者を殺害するかたちでしかその攻撃性を排出できない心理的な病を抱えた者たちなのである。

それ以外では、思いやりもあればユーモアもある一般人と大して変わらない。やり取りを重ねてきたボビーは、病的なセックス依存さえなければ、とてもいい奴で、本当の友人のように親しくなった。

だからといって、まったく関係のない人間を自分の欲望のために殺害してもよいとはならない。

前妻のシンディもいっていたように、ボビーは、とても思いやりのある男だった。しかし、前妻そして難を逃れて現在警察官になったリサも指摘しているように、彼の「やさしい態度」は一瞬にして「悪魔のような凶暴さ」に豹変するのである。

抑圧された欲情のいき先

ボビーの内面には、自分でも抑えることのできない「女性に対する嫌悪」が存在していたのは明らかだ。その原因は、母親が毎晩セクシーな衣装を身にまとってバーに出勤し、アパートに男を連れてきては、性行為を目の当たりにしていた子ども時代の生活にあったことは間違いない。この思春期に差しかかる前から性行為を幾度となく目撃したことは、女性蔑視に加え、ボビーの性への執着を過剰に刺激したものと考えられる。

母親がミニスカートをはいていたり、極端に胸のあいた服を着ていたり、また極端に露出の多い水着でプールサイドや浜辺を歩いていたりすると、思春期に差しかかった男児は母親に対して性的興奮を感じてしまう。男性の女性に対する興奮というのは、相手が誰であるかに関係しない。

ところが、母親に対して性的な興奮を覚えることは社会的にタブー視されているため、母親に興奮した自分を認めることができず、その興奮はいき場を失ってしまう。認知を否定された性的興奮は、フロイトがいうように、抑圧されることで無意識の衝動となり、この無意識は意識しないタイミングでコントロールできない強い衝動として表出することになる。

男女平等が叫ばれる昨今、親たちは自分の自由や願望よりも優先すべき、母親としての役割が存在することを再認識する必要がある。何歳になっても「きれいなお母さん」でいることで独身時の気持ちを失いたくない気持ちはわからなくはない。ほかの男性を引き寄せようとする女性のイメージと子どもを育てることに専念する母親のイメージはまったく別ものであり、基本的に相容れるものではない。子どもを持つということは、女性にとって重要な意識変革を迫られる人生の節目であり、その責任を全うすることで独身時には感じることのなかった新たな喜びを発見できるのである。

また、受け入れたくない人も多いだろうが、一般に男の子が母親だけによって育てられる場合、正常な心のバランスを維持するのは非常に難しい。女性は小言や愚痴を小出しにして子どもをコントロールしようとするが、男の子は母親に対して湧いた怒りを発散できずに溜め込んでしまう。また、男の子にとって、身近に女性のロールモデルしかいないのも、正常な男性としての成長を歪める原因になる。家庭内に男性のロールモデルが存在しないことは、正常な性的な成長も含め、男性としてどうやって生きていくのかを学習できないのだ。シングルマザーとしてどれほど頑張っても、この点だけは女性が補うことができないのである。

幼少期のボビーは、無条件の愛情源であるはずの母親から、その荒い気性からくる日々のストレスによる「攻撃性」、ほかの男に見せる「女」の側面という双方を長年受けてきた。ボビーはそのような状況を肯定しなければならないと、必死に自身を抑圧し続けてきたのだ。

それにより、彼の中には女性に対する「愛憎」が形成され、さらに、オートバイ事故による前頭葉の損傷によって制御不能になったことが拍車をかけたのではないかと考えられる。

ボビーとの最後のやり取り

しばらくして私は死刑囚として収監されているボビーから、新しい彼女ができたという連絡を受けた。連続殺人犯はその地域を脅かす「絶対的な力」と「性的な魅力」によって、女性から多くのファンレターが届くことがある。あるとき、ボビーはいつになく上機嫌で、私に「今度の女は本物だ。性的な好みも合うし、信用できる」と喜んでいた。

それから二カ月ほど、ボビーからの手紙が途切れた。きっと彼女と楽しくやっているのだろうと思っていると、ボビーから短い手紙が届いた。いつも長文だったのに、今回は珍しく一ページ半くらいしか書かれていなかった。

「ケンジン、いよいよきちゃったよ。今はもう車で処刑施設のあるフロリダ州立刑務所に移送され、処刑準備房に入ってる。これが最後の手紙になると思うけど、ケンジンは本当にいい友だちでいてくれたから、どうしても最後に直接連絡を入れておきたかったんだ」

実は、以前にボビーに面会にいく予定があったのだが、諸般の事情から中止になったことがあった。私はこのときほど、会いにいっておけばよかったと後悔したことはない。

処刑予定日の二〇一九年五月二三日まで、あと一〇日ほどあったので、私も最後の思いを届けようと、すぐに返事を書いた。

「親愛なるボブへ、音楽やキャンプや映画とか、いろんなことを教えてくれて本当にありがとう。留学中にボブの家を間借りしていたら、きっと知らないことをいろいろ教えてくれたんだろうなって何度も思ったよ。最後だから本音をいうよ。おそらく処刑台を取り囲む人はみな、ボブの死を望んでいる人間だけだと思う。中に入ったら、誰とも目を合わせないで台に横になって目を閉じたほうがいいよ。お決まりの〝最後の一言〟も残さなくていいよ。ボブが殺した女性たちには悪かったと心の中で唱えると、ボブ自身も穏やかな心でいられると思うよ。ボブ、本当にありがとう」（私はボビーのことをいつもボブという愛称で呼んでいた）

翌日のネットニュースには、ボビーは誰とも目を合わせることなく最後の一言も残すことなく処刑台に横になり、定刻どおり三種類の薬剤が順々に投与されると空気を求めて一度大きく口を開き、そのまま静かに息を引き取ったとあった。

おそらく私のアドバイスを受け入れての対応だったのだろう。不謹慎なことはわかっているが、長い間やり取りを重ねた人間として、「苦しまずに逝けてよかった」といった感情が自然と湧き上がった。

「世の中全体がお祭り気分で家族と楽しい時間を過ごすクリスマスには、俺はいつもベッドに潜って外の世界を遮断して、ヘッドホンで自分の好きな曲を聴くんだ」と語ってくれた寂しそうなボビーを思い出して、私は彼の死を静かに悼んだ。

プロファイル7

クレオファス・プリンスJr.

――母親の心理的抑圧からの解放による女性への怒りの爆発

クレオファス・プリンスJr.の家庭内力学

父親の受刑による不在・
攻撃性の高い母親による体罰を含む
高圧的状態（**心理的虐待**）の継続

カリフォルニア移住後、母の支配から解放されることで、自身が住むアパートメント・コンプレックスで住居侵入により複数の女性の胸部を数十回刺すことにより連続殺害を繰り返す

一九九〇年一月一二日、カリフォルニア州サンディエゴ郊外の比較的裕福な人たちが暮らす地区で二一歳の女性の死体が発見された。

現場となったのはリゾートマンションの二階で、女性がビキニ姿で日光浴をしているときに殺害された。第一発見者はルームメイトだった。死体は胸部を中心に数十回も刺されており、脚は大きく広げられていたが強姦はされていなかった。玄関の鍵はかかっていたという。おそらく、二階のベランダから飛び降りて逃げていったのだろう。

翌月の二月一六日、今度は別の高級マンションの二階で二一歳の女性が殺害された。被害者は大学生で、親友と一緒に暮らしていた。やはり心臓部を中心に一五センチほどの深さまで数十回もナイフで刺されていた。夜に帰宅したルームメイトは、ベッドの上で変わり果てた親友を発見した。やはり脚が大きく広げられており、今回は姦淫にまでおよんでいた。

さらに四月三日、同じアパートメントで再び悲劇が起きた。被害者となったのは、この春からミシガン大学への進学が決まっていた一八歳の女性だった。春休みを利用して、兄が住むこのアパートメントに友だちと一緒に遊びにきていたのだ。彼女らは敷地内にあるテニスコートやプールで余暇を楽しんでいた。彼女はシャワーを浴びに、先に部屋に戻った。一〇分後に親友が戻ったとき、部屋の中から彼女の悲鳴が聞こえてきた。部屋は鍵がかかっていて、中には入れなかった。

管理人に連絡をして鍵を開けてもらい、かけられているチェーンを無理やり引きちぎって中に入ると、寝室からTシャツで顔を隠した一人の黒人男性が飛び出してきた。ベッドの上には心臓をナイフで刺された女性が横たわっていた。

犯人には逃げられたが、多くの証拠が残されており、親友の目撃談から隣のスポーツジムで見かけたことのある黒人男性が容疑者として浮上した。彼の名はクレオファス・プリンスであり、なんと同じアパートメントに住んでいたのだった。

ところが、彼は容疑を否定した。いくつもの状況証拠があったにもかかわらず、確たる直接証拠までには至らず、彼の逮捕は見送られた。

その後、五月二一日、また別のアパートメントで三八歳の女性が殺害された。これまでの殺人と同様に、九カ所も胸が刺されていた。強姦はされておらず、指輪や貴金属が盗まれていた。

そして九月一三日、一軒家に暮らしていた四二歳の母親と一八歳の娘の二人が犠牲になった。二人とも胸を数カ所刺されており、強姦され、宝石などの貴金属を盗まれていた。二人とも、プリンスが通っていたスポーツジムの会員だった。

一九九一年二月初頭、サンディエゴ郊外にあるスクリップスランチにある一軒家に忍び込んだ不審者（プリンス）にシャワーを浴びようとしている女性が気づき、隣人に助けを求めた。プリンスは「友人を探していただけだ」という下手な言い訳をして逃げていった。そのときの女性は車のナンバープレートをメモしていた。

その数日後、ついにクレオファス・プリンスは逮捕された。数日前に起きた事件と同じ車種・ナンバープレートの車が、スポーツジムの駐車場に停まっていたのだ。

不審車として警察官が捜索したところ、車内から四本のナイフが出てきた。唾液とDNAから、ほかの殺人事件の関与も明らかになった。そのときのプリンスは、自分が殺害した女性が身につけていた指輪を自分のネックレスにつけていたという。

これは一般に「トロフィー」と呼ばれている。殺害した女性の指輪やネックレスを集めて、それを見るたびに、「あのときは、ものすごく雨が降っている中、あの女を殺したな」などと、犯行時のことを思い出して興奮するのだ。

長男としてよい子であり続けた幼少期

クレオファス・プリンスJr.は、一九六七年七月二四日にアラバマ州バーミンガムの犯罪の多い地区で生まれた。経済的な貧困層に提供された、俗に「プロジェクト」と呼ばれる、ギャングが巣くう公営団地だ。そのような環境にもかかわらず、プリンスは八人きょうだいの長男として「よい子」として育った。

プリンスが思春期のころ、父親が殺人罪で刑務所に収監された。父親はナイフを持った強盗に応戦して一人を射殺し、一一年間の刑を務めることになったが、それ以前にも強姦で逮捕された前科があった。そんな父親のもとに、母親は毎週のように子どもたちと面会に訪れた。しかし父親は、釈放される一年前に離婚届を出した。母親は、プリンスと兄弟姉妹を祖父母や親戚に預け、自らは家族を養うために、いくつもの仕事をかけもちして働いた。

学校では目立たない生徒だったプリンスは、何も問題を起こさずに高校を卒業し、一九八九年に海軍に入隊する。しかし海軍の金を「窃盗」して、たった二カ月で除隊になった。それまでの優等生ぶりが嘘のようだった。その後、彼はサンディエゴに移住し、年が明けた一九九〇年の初頭から犯行を開始した。

私が彼にコンタクトを取ろうと思った理由は、彼のペンパル募集用の写真があまりに女性を意識した露骨な笑顔だったからだ。アメリカにはなんと、受刑者専門のペンパル募集のサイトが存在するのである。女性を誘う笑顔と、心臓部を中心に数十回も刺すという極悪非道な殺人行為との間に、どんな関係があるのか探りたかったのだ。

「死刑囚たちのマグショット（犯罪容疑者の顔写真）の中で君の笑顔があまりに輝いていたのでどんな人なのかなあと思って、コンタクトを取ったんだ」と書くと、案の定、「俺は実際に殺人なんか犯していないんだ。状況証拠だけで有罪が確定したんだ。俺のいっていることを信じてくれてる人間も三人いる」と返ってきた。

プリンスは、現行犯ではないことを強調し、私にも「真の味方」に加わってほしいといわんばかりだった。

「へー、そうなんだ。知らなかったよ」と、私はとぼけるしかなかった。ひとまずそういうことにしておき、周辺情報から判断しようと決める。彼は、私が心の中で彼が犯人だと決めつけるような発言に異常なほど敏感で、その瞬間、攻撃的な口調に変貌する。

「その質問って、まるで俺が実際にやったみたいじゃないか！」

連続殺人犯の中には、相手への心理コントロールがすさまじく、自分の思いどおりに対応しないとすぐにへそを曲げる者がいる。彼もその一人で、正直にいってしまえば、とてもいやな奴だ。むしろ、私の経験則から、猜疑心《さいぎしん》や心理コントロールがあまりにも強い場合、その人間は犯人である可能性が高い、と思っている。

例えば、私が五〇〇円を送ってあげると、プリンスは「今どき五〇〇円しか送ってこない奴はいないよ。最低二〇〇〇円だよ」という返事がくる。

厳しい母親のもとで「よい子」を演じてきた

私は子ども時代に話題を変えた。

「どんな家庭環境だったの？」

このようなごく普通の質問でも、彼にとっては「私が彼を殺人犯だと思っているから、どんな歪んだ環境だったか知りたがっている」と取るのだ。当初、彼から届くほとんどの返事は被害妄想に近く、彼が無罪であることを認めようとしない私に対する怒りに満ち溢れていた。

「うちは母親だけだったからね。親父は刑務所に入ってたから」

「なんで？」

「殺人だよ」

プリンスいわく、向かってくる強盗を撃ち殺してしまったらしい。

「寂しくなかったの？」

「いや、オフクロが定期的に刑務所に面会に連れていってくれたからね」

「お母さん、やさしかったんだね？」

「当時は、一人で父親と母親の両方をこなそうと必死だったんだと思う。よくベルトで尻を叩かれたりもしたしね。でも悪いのは俺のほうだったから仕方ないよ」

父親が最も必要な思春期に刑務所に収監されて不在であり、気性が荒くて一生懸命に働いている母親のもと、「よい子」を演じざるを得なかったのかもしれない。今では、「母親も一生懸命やってくれた」と頭の中で正当化しているようだが、子どものころ、愛情の源であるはずの母親からお尻をベルトで叩かれて怒りを覚えない男子はいない。

刑務所を訪れたときの母親は、おそらくオシャレをして女の顔に変わるのだろう。それは、息子のプリンスにとって見たくない母親の性的なものだったに違いない。

いずれにせよ、「支配的」な母親のもとで育てられたプリンスの中には、強い「男性」の抑圧が存在していたことだけは確かだ。

当時、数多くのギャングが巣くう地区で暮らしていたにもかかわらず、プリンスはギャンググループには入っていない。これはアラバマ州のバーミンガムという土地柄を考えても非常に珍しいことである。

プリンスの少年時代の写真を見る限り、母親の顔色を見て委縮して「よい子」を演じ過ぎていると感じる。彼は、思春期に感じたことを表に出せない心理的環境に置かれていたのだろう。

「そんな経験を持つ人はたくさんいますよね?」と思う人も多いだろう。たしかに何かしらの抑圧を経験して育った者は多く存在する。しかし、それは「時期」「期間」「レベル」「均一性」「外部との交流の有無」といった点で大きく異なる。

前にも述べたように、「子どものころ、楽しい経験なんか一つもなかった」と答えた連続殺人犯は少なからずいる。通常の家庭ではある程度締めつけが厳しかったとしても、ところどころで緩められる機会がある。食事や遊びに連れていってもらったり、怒られたあとで慰めてくれたり、また相談できるきょうだいや親友がいたりなど、「息抜き」の時間が必ず存在する。

また、締めつけのレベルにしても、ある一線を越えるようなものではない。実際に連続殺人を犯すケースでは、そのレベルが常軌を逸しているのだ。子どもの言い分など一切聞かず一方的に責められたり、寝ているところを起こされて殴られたり、寒空の下裸で外に出されたり、子どもからすれば心理的に「虐待一色」なのだ。彼らの置かれる環境は、たまにそうした環境に置かれる一般の家庭とは、明らかに一線を画しているのである。

凶悪犯罪者の「裏の顔」

プリンスは海軍入隊中に窃盗で捕まったとされている。何度か述べているように、連続殺人を犯す者たちが最初に手を染める犯罪は、「不法住居侵入」「窃盗」「詐欺」が非常に多い。これらは、「他者の領域に侵入する」という彼らの願望をかなえる行為だからだ。このような「初期症状」を決して軽視してはならない。

彼は「自分は無罪だ」と主張しているが、一〇〇％「黒」だろう。厳しい母親のもとで育ったプリンスは、本当の自分の姿を隠さずには生きてこられなかった。そのため、「病的な嘘」をつくようになったのだ。高校を卒業して母親のもとを去り、サンディエゴで自由な一人暮らしを始めたとたん、抑圧され続けてきた「本性」が一気に爆発した。それだけ母親の心理的抑圧（虐待）が厳しかったということだ。

また胸のあたりを執拗に何回も刺しているのは、まさに「女性」に対する怒りを象徴するものである。このあたりからも、彼が凶悪犯になった原因が、母親にあったものと見てまず間違いない。

彼がスポーツジムでウェイトトレーニングに励み、自分を鍛えていたのも、自分を必死にコントロールしているある種の強迫性の表れだとも解釈できる。

「連続殺人犯の本当の顔を知っているのは、殺された被害者だけだ」といわれている。「表の顔」と「裏の顔」をハッキリ使い分ける「二重構造」は、連続殺人犯に共通する特徴なのだ。そこまで徹底して裏の顔を隠すことによって、逆に内に溜め込んだストレスの爆発が激しくなるともいえる。

プリンスは黒人であるにもかかわらず、被害女性は白人ばかりだった。通常は、同じ人種も含まれるものだが、おそらく白人の女性に性的な欲求を抱く何かしらのきっかけがあったのだろう。自分の罪を一切認めない彼からは、その原因を探ることができなかった。

盗撮ばかりを繰り返していた日本の犯罪者がいっていたことがある。彼は子どものときに姉から虐待されていたのだが、小学校のときに体育座りをしている女の子の下着が見えたとき、いやなことを忘れられたという。それから彼は、覗き見るという行為に執着するようになった。プリンスにも何かしらのきっかけがあって、白人女性に執着するようになったに違いない。

もう一つ考えられることは、黒人にとって白人は上流階級であり、決して手を出してはいけない存在といった暗黙の心理が働く。「女性」の存在そのものの破壊という動機を考えたとき、その矛先が手の届く黒人女性ではなく、それより社会的に上というイメージを持つ白人女性に向かったとしても不思議ではない。

簡単に逃れられない「負のカルマ」

やり取りを始めたころのプリンスは非常にいやな奴だったが、その後やり取りを繰り返すうちに、急に毒気が抜けてきた。まるで幼子のようにルンルンしているのだ。あれほど気分屋で病的なほど他者へのコントロール願望を持っていた彼にしては意外だった。

その理由を尋ねてみると、中米のホンジュラス出身の年上女性との結婚が決まったのだという。その女性は、ペンパル募集で連絡をしてくれたそうだ。前にも触れたが、獄中結婚は珍しくない。特に強いセックスアピールを感じさせる「連続殺人犯」に、生理的に惹きつけられてしまう女性がいるのだ。

相手の白人女性は、中米のホンジュラスからまずプリンスの実家に引っ越し、職を見つけて一年ほどプリンスの両親と暮らしたのち、カリフォルニアの刑務所の近くに引っ越してくる予定だという。さまざまなケースを目にしてきた私には、この結婚に、何か「きな臭さ」を感じた。

混乱した自国から逃れようとする中米の人たちが、アメリカに向かって押し寄せている昨今である。アメリカ定住の移民資格取得は針の穴を通すほど困難であり、それゆえ価値あるものになっている。不法滞在者が劇的に増えていることが問題になるほどだ。そのため、彼女がホンジュラスという貧しい国からアメリカという富める国に合法的に移住するために、プリンスとの結婚を利用している可能性を捨て切れないという印象を受けたのだ。また、獄中結婚の場合、女性は、受刑者の男性がいつでも決まった場所（刑務所）にいて、自分の心の悩みを聞いてくれるといった精神的安定も得られる。

その上、ホンジュラスという外国からの国際結婚によってアメリカで暮らす彼女の場合、夫が死刑囚であれば、毎週一度顔を出しさえすれば、残りの時間をどこで何をして過ごそうと自由である。また、数年後に離婚するという選択肢もあるし、仮にプリンスが死刑になっても定住権はそのまま残る。

幼少期に求めていた母親の愛情を五〇代半ばにしてようやく得られたと喜んでいるのかもしれないが、それほど簡単に「負のカルマ」からは解放されない。私には、彼が奪った複数の罪のない女性たちの恨みが、彼の幸せを認めることはないという願いのようなものを感じた。

プロファイル8

サミュエル・リトル

——性欲と暴力の融合

サミュエル・リトルの家庭内力学

10代の母親による、
道ばたの階段に放置される

支配的な祖母による
体罰を含む
抑圧的環境（**虐待**）

性行為の際に
絞殺願望が芽生え、
93名の娼婦を
連続殺人

二〇二〇年一二月三〇日、ＦＢＩから「米史上最悪の連続殺人犯」といわれたサミュエル・リトル（愛称サム）が、カリフォルニア州の病院で八〇年の生涯に幕を閉じた。死因は明らかにされていないが、新型コロナウイルスが猛威をふるっていた時期で、心臓病と糖尿病を患っていたこともあり、感染症による病死と考えられる。

サムは二〇一二年、薬物関連の犯罪で逮捕。その際に行われたＤＮＡ鑑定によって、一九八七年から一九八九年までにロサンジェルスで起きた三つの未解決殺人事件の容疑者に浮上した。その後、二〇一四年には「仮釈放なしの終身刑」となった（その後の判決も合わせて、サムは三つの終身刑をいいわたされた）。

テキサス州の刑務所に収監されていたサムは、二〇一八年以降、数多くの犯行を自供し始めた。驚くべきことに、一九七〇年から二〇〇五年までの三五年間で、合計九三人も殺害したというのだ（判明していた三人の女性も含む）。

ＦＢＩによると、そのうち五〇件は確認されたようだ。被害者の多くは、薬物中毒者の女性か娼婦（ニューハーフを含む）で、その主な殺害方法は絞殺だった。彼女らには身寄りのいない者も多く、またサムは一目で殺人だとわかる刺し傷や銃痕を残さなかったため、多くの死体は薬物による死や事故死として処理されていた。あわせて、死体が見つからずに事件が発覚すらしなかったものも多い。

九三人も殺害した米史上最悪の連続殺人犯

サミュエル・リトルは、一九四〇年六月七日にジョージア州レイノルズで生を享けた。娼婦でまだ一〇代だった母親は、サムの面倒を見ることができないと判断し、通り沿いの建物の階段に赤ん坊を置き去りにした。

馬車に乗った男性がたまたま通りかかり、彼を拾ってサムの祖母のところに連れ帰った。そのような経緯があって、サムは祖母に育てられることになる。一〇代になると不法侵入を繰り返すようになり、一六歳のときに不法侵入罪で施設に送致された。

繰り返しになるが、連続殺人犯の最初の犯行は、「不法侵入」による「窃盗」が多い。その行為自体は暴力的ではないが、その背景には他者の領域を侵すという暴力犯罪につながる心理が潜んでいる。他者の領域を犯して、他者の所有物を専有することに快感を覚えるのである。

〇歳～三歳という臨界期は、母親の存在が必要不可欠である。祖母は愛情をかけてサムを育ててくれたようだが、厳しい愛情であったようだ。当時の黒人社会では、ベルトや電気コードで子どものお尻を叩くような「しつけ」は日常的に行われていた。それに、いくら祖母であっても、本当の母親のようなスキンシップや愛情を与えることはできない。連続殺人犯や大量殺人犯になった者の中に、「養子」に出された子が多いのは、そのあたりにも原因があるのかもしれない。

また、日本に比べてアメリカで銃の乱射による大量殺人犯が多いのは、アメリカが銃社会というだけでなく、幼いときから寝室が別だからという理由もあるのではないかと私は考えている。もちろん親と別々に寝ればみな大量殺人犯になるわけではない。ただ、親子が川の字になって寝るといった伝統がある日本よりもその割合が高いのは事実であろう。乳児期の母乳やスキンシップを避け、別室で子どもを寝かせることは、感情の発達する臨界期に、目覚めたときに母親の笑顔がありキスをしてくれるという、乳児が必要とするインプットを奪ってしまう可能性があることは間違いない。

サムの話に戻ると、彼は二〇代後半に母親と再会し一時、一緒に暮らしたこともあったが、それ以外のほとんどは、アメリカのさまざまな州を転々と移動し、飲酒運転、詐欺、万引き、暴行、強姦などの犯罪を繰り返し刑務所送りにもなっている。

刑務所では、身長一九〇センチメートルもある恵まれた体格を活かしてボクシングに打ち込み、刑務所内の大会で数々の賞を獲得するまでになっている。

一九七〇年一二月三一日の大晦日に、サムは三〇歳で初めての殺人を犯す。そのときの状況をサムは「まるでドラッグのようだった」と語っている。殺害したときの快楽が病みつきになり、「あのときの感覚をもう一度味わいたい。いや、それ以上の快感を味わいたい」という思いから、九〇件以上もの殺人に手を染めていったという。

サムのMO（手口）は、買春を装って自分の車に女性を乗せると、ボクシング仕込みのパンチでいきなり襲いかかり、首を絞めて殺害するというものだ。死体は道路脇や墓地に投げ捨てられ、中にはゴミ捨て場にまるで使わなくなったマネキン人形のように捨てられていたこともある。

その後もサムは殺人を重ね、一九の州で合計九三人を殺害したと自供している。サムはその一人ひとりを克明に記憶し、彼女たちの似顔絵が描けるほどだった。

殺しこそが成功体験

私たちには、子どものころの楽しかった思い出が何かしらあるものだが、連続殺人犯の中には「何一つ楽しいことなどなかった」と答える者が多いことは前にも触れた。

そうした彼らにとって、殺人こそが成功体験になる。放火魔は、自分が放った火が燃え上がり、消防車が何台も駆けつけ、まわりに多くの野次馬が集まってきている中、「これだけの大事を引き起こしたのが俺だって、ここにいる誰も知らないんだ」という優越感に浸る。まるで「闇のフィクサー」にでもなったかのような気分を味わっているのだ。

連続殺人犯もその点は同じで、犯行後も、頭の中で何度も自分の成功体験を反芻《はんすう》しているのである。サムが殺害した女性の顔や髪型、服装などを克明に描き出せたのも、犯行日時や場所、死体を遺棄した場所などを正確に自供できたのも、連続殺人犯特有の性質によるものであり、彼が特別記憶力に優れていたわけではない。

自分の犯罪を自供し始めた理由

私がコンタクトを取ったときは、サムはすでにメディアで話題になっており、全米で注目の的だった。私が長年の経験と鍛え上げた犯罪者目線からメッセージを送ると、彼から返事が送られてきた。

サムの最初の手紙には、「今、俺のところには世界中からものすごい数の手紙が届いているんだが、あんたの手紙が一番面白そうだったから、ほかのはあと回しにしたよ。俺は戦争中に零戦で戦った日本人の根性に心から敬服しているんだ」とあった。日本の英霊たちは海外でやり取りする際、いつも私のことを助けてくれる。日本人として本当に感謝している。

サムの自供の理由を私なりに考えると、次のとおりだ。

すでに終身刑が確定し仮釈放の望みもない状況を鑑みれば、「死刑にしない」という司法取引さえできれば、現場検証のために車に乗って刑務所を出てシャバの風景を見ながら、自分が犯した懐かしい現場を訪れることができる。警察や裁判所を訪れることもあるだろうし、出先で警官たちと一緒にハンバーガーやピザなども食べられる。

また、「死刑」に切り替えられたとしても、死刑房に移送されやや拘束は厳しくなるものの、七八歳で自供を開始したサムが服役していたカリフォルニア州では、連邦最高裁判所に上告されるまでに三〇年はかかる。現在のカリフォルニア州知事であるギャビン・ニューサムは、筋金入りの死刑反対論者であることからも、実際に彼が刑の執行にサインする可能性はまずない。サムの自供には、緻密な計算が働いていたに違いない。

こうしたサムの本音を推測した手紙を書いて「さすがキレ者は違うね」と褒め言葉を添えたのは私だけだったと、のちに彼は語っていた。

また、彼の手紙にも書かれていたように、日本人に対するリスペクトがあったためか、すぐに友人のように打ち解けてくれ、サムのほうから「なんでも答えてやるから、気軽に聞いてくれ」といってくれたほどだった。本心では、サム自身も「なぜ自分がこのような殺害癖があるのか」を知りたがっているようにも思えた。

ただ、「なんでも気にせずに聞いてくれ」といわれて、あまりに急に事件について突っ込んだ質問をしたがために、やり取りが途絶えてしまった経験もある。どこまで踏み込めるかはいつでも「駆け引き」なのだ。なぜなら彼らにとっては、なんの権限も持っていない日本人とやり取りするメリットなどないのだから。

生物的に絶対に欠かせない母親の存在

子どものころに母親に捨てられたことに関しては、「あの歳じゃ、女一人で赤ん坊を育てるなんてできないから、仕方ないことだったと思うよ」と、現時点では母親に対する怒りはないようだった。

しかし、「頭で理解できる認知」と「実際に子どものころに抱いた感情」とは異なる。子どものころのサムが、母親のいない状況に心の底から満足していたとは思えない。また、母親の代わりに面倒を見てくれた祖母もまだ四〇歳前後と若く、サムは「祖母も自分も互いに性的に意識し合っている面があった」と私に告白している。

さらに、小学校のとき、とてもかわいい白人の女の子に「つき合ってほしい」と告白すると、「露骨な嫌悪感」を持って「バカにした態度」で拒絶されたことを今でも鮮明に覚えているとも話していた。

また、サムは次のように話してくれたこともある。

「自分のガールフレンドとセックスをしていたら、自分が気持ちよくなるにつれ、だんだんと首を絞めたい衝動に駆られるようになったんだ。このままではまずいと思ってさ。それからだよ。娼婦とセックス（殺人）するようになったのは。彼女たちなら、殺してもわからないしね」

ちなみにサムの殺害方法はほとんどが絞殺なのだが、首を絞めることに対する彼の執着は、小学校高学年のときの担任の先生が自分の首を触っている姿を見て、強い興奮を感じたことに起因しているらしい。

彼の言葉から、相手の態度などに関係なく、サムの中ではすでに「性欲と暴力が融合」していることがわかる。〇〜三歳の感情発達の臨界期に経験したことは、生涯忘れることがない。脳の成長にとって重要なこの時期に母親との間に安心できる「愛着関係」が形成できず（＝愛着障害）、その代わりに「攻撃性」や「歪み」が刷り込まれてしまったのだ。それは、一生涯その人間の人格に刻み込まれ、その後どれほど愛情を補ったとしても、完全にもとに戻ることはないのである。

サムをはじめ、連続殺人犯は、通常の性行為だけでは絶対に満たされることがない。人を殺して初めて大量のドーパミンが分泌される。だからこそ、サムは「まるでドラッグのようだった」と発言しているし、ほかの連続殺人犯も同様のことを口にする。セックス＋αの快楽を知ってしまった彼らにとっては、通常のセックスだけでは物足りず満足を得られないのである。攻撃性と性欲は互いに脳の近いところに位置しているため、互いが連動していると考えればわかりやすい。

「俺がどうしてこんな行為にハマるようになったか自分でもよくわからないけど、自然にそう感じるようになったんだから、〝神様の意思〟だって思うようにしてるんだ」と、サムが私にいったことがある。

だが、そんな神秘的なものなどでは決してない。すべては、まだ本人の物心がつく前の臨界期になされた刷り込みによる単純なものである。しかし、私が「原因は母親にあるんじゃない？」と指摘しても、彼は「それだけは絶対にない」と否定する一方だった。

「こういっちゃなんだけど、俺は正直自分が殺した女たちの一分一秒を完全に楽しんだんだ。もうすぐ八〇だけど、いまだに刑務所視察でいい女が通りかかると、例の衝動がムクムクと頭をもたげるときがあるんだ」

まだ自分が性的にギンギンであることをアピールするこの手紙を受け取った二、三週間後、ニュースで彼の死を知ったのは、私には皮肉としか思えなかった。

ボビー・ジョー・ロングの母親は、気性が荒いだけでなく、幼いボビーが寝ている同じベッドの上でほかの男と性行為をしていた。そういう環境で、女性への蔑視を伴いながら病的な性欲が培われていった。ボビーは、最初は強姦だけだったが、勢いで殺害してしまったあとは、強姦だけでは満足できなくなった。

クレオファス・プリンスJr.は、ベルトでお尻を叩くなどの支配的な母親から解放された瞬間に、抑圧されていた強い欲望が解放された。プリンスは、女性の胸を執拗に何回も刺した。先にも述べたが、胸は女性の象徴であり、その胸部を何カ所も刺す行為は、女性に対する怒りの表れである。

厳しい祖母に育てられたサミュエル・リトルは、ベルトや電気コードでお尻を叩かれるのが日常だった。自分のガールフレンドとセックスしているときに首を絞め殺したい衝動に駆られ、三〇歳で初めて人を殺したときは、「まるでドラッグのようだった」とセックス以上の快楽を体験したという。サムの自供によると九三人も殺害したそうだが、捕まらなかったら、永遠に、それこそ死ぬまで殺人を繰り返していたに違いない。

心理学者ジークムント・フロイトによる「フロイトの心理性的発達理論」によると、子どもの成長の時期によって、体の部位への関心が異なり、それが正常な過程を経ることで、人格が形成されていく、とされている。

①口唇期（〇歳から一歳半くらいまで）
②肛門期（一歳半から三歳くらいまで）
③男根期（三歳から六歳くらいまで）
④潜伏期（六歳から一二歳くらいまで）
⑤性器期（一二歳以降）

ここではそれぞれについての詳しい説明は避けるが、例えば①の口唇期でオッパイが十分に与えられなかったら、指をしゃぶるようになるし、②の肛門期で十分な注意が向けられなかったり、過剰に刺激を受けたりした場合には、その部分に対する性的な執着が生まれる。つまり、適切なときに適切な対応を得られることが、子どもの正常な心理的成長にとって大切なのである。

世の中には、異常なまでに性欲が強い人がいる。たとえ結婚していたとしても、あちこちで異性と性行為におよぶセックス依存者だ。彼らは、幼少期に何かしらの過剰な性的刺激を受けたか、もしくは、性的な側面が極端に抑圧された環境で育てられた可能性が高い。

例えば、一九七一年三月三一日から五月一〇日までの約四〇日間で、八人の女性を強姦・殺害した連続殺人犯の大久保清《おおくぼきよし》（一九七六年に死刑執行された）。彼の父親は、年中女性を自宅に連れ込んでは、「すもう」と称して子どもたちの前であろうと平気でセックスするような男だった。過剰な性的刺激を受けて育った大久保清は、小学六年生のときにはすでに異常な性的執着から幼女の性器に石を詰め込むなどの異常行為を働いている。

大久保は、病的なほどの性的欲求を抱えており、何度も強姦を行い、実際に実刑判決を受けてもいる。結婚していた妻との離婚がきっかけとなり、大久保は一線を越え最初の殺人から逮捕までの約四〇日間で、約一五〇人もの女性に声をかけたという。

幼少期に父親により過剰な性的刺激を受けたことで、彼の性欲は異常活性化されてしまったものと考えられる。

もし背景にあるのが、この病的な性行為への執着だけであれば連続レイプで収まるが、それが女性を完全に思いどおりにしたいという異常支配願望にまで至っている場合は、被害者の殺害におよばなければ完全な満足感は得られない。

これに並行して、母親に対する怒りも連続殺人の原因となる。例えば、意識がなくなるまでお尻を叩かれたといった肉体的なものから、オネショ（夜尿症）をした布団を友だちにわざと見えるように干されたといった心理的なものまで多岐にわたるが、そこには共通して自己の存在の否定が確認できる。

本章のテーマである母親による虐待は、アメリカの連続殺人犯に最も多いパターンである。幼い子どもにとって、母親は環境の中心である。母親が強過ぎることで子どもが自身の存在を否定されたと感じると、母親に対する無意識の憎しみを抱くようになる。その怒りは母親に向かうことができず、無関係な女性に向けた連続殺人に発展する。彼らの心理では、抵抗できない母親への憎しみが、女性全体への憎しみへと転嫁されてしまったのである。

第4章

性的虐待

日本における要注意指数＝

これまでも男性による女児への性的虐待は存在してきたが、日本社会はその保守的傾向から社会的タブーを揉み消す傾向が強く、その実数は公に認知されてこなかった。男性による女児への性的虐待はこれからも一定数存続するものと考えられるが、日本社会がアメリカ化する中、親以外によるものも含めると、男性による男児への性的虐待、さらには、アメリカ社会ですでに問題化している女性による男児への性的虐待も増加することが懸念される。

愛情の希薄な家庭で育った子どもは、
性的虐待を拒むことができず、
のちに加害者となってトラウマを再体験しようとする。

二〇二〇年八月二八日、福岡の大型ショッピングモールの女子トイレで、個室から出てきた二一歳女性が一五歳の少年に包丁を突きつけられた。女性は、首など一〇カ所以上を刺されて死亡した（福岡商業施設女性刺殺事件）。犯人の少年は、二日前に少年院を仮退院したばかりだった。

少年は、ショッピングモールで包丁を万引きし、友だちと買い物にきていた女性に狙いを定めた。女子トイレに入った彼女を追って、少年も女子トイレに侵入。個室から出てきたところを包丁で脅して強姦しようとした。女性は少年を説得しようと試みるが、少年には逆効果だった。少年は、「母親と姿が重なって、怒りの感情が抑えられなくなった」と証言している。

少年は、六歳上の兄と四歳上の姉がいる三人きょうだいの末っ子として生まれた。父親は、特に長兄への暴力がひどかった。兄はその腹いせで、弟である少年を殴ったり蹴ったりするようになり、首を絞めることもあった。母親は長女にしか興味がなく、息子たちにはネグレクトに近く、育児放棄だったようだ。

少年の家庭は性についても常軌を逸していた。息子たちが父親のアダルト動画を見たり、両親の性行為を見せられたりするのは序の口で、兄は母親の性処理の手伝いをしていたようだ。また、弟である少年も母親とディープキスを強要されていた。兄は自分の性器を弟に舐めさせていたという。そういう環境もあって、少年は粗暴行為が多く、保育所の先生の肋骨を骨折させたこともあった。また、少年は人前での自慰行為がやめられなかった。まったく規律の存在しない家庭内に育つことで、家庭外でも自分の行動に抑制がなくなるのはある意味当然といえる。

小学三年生のときに父親の不倫が原因で両親が別居すると（三年後に離婚が成立）、少年の暴力性はエスカレートし、母親は少年を精神科に入院させた。その際、母親はアダルト雑誌を少年に差し入れようとしたそうだ。

いくつかの施設をわたり歩きながら、いずれでも少年は暴力行為や規則違反などで問題を起こしている。少年院で一〇カ月ほど過ごしたのち、中学三年生の夏休みに仮退院する予定だったが、直前になって母親が身元の引き受けを断った。そのため、少年は更生保護施設に入所したが、翌日抜け出し、その翌日に犯行におよんだ。

本章で紹介するアメリカの凶悪犯も、愛情の希薄なネグレクトの家庭で育ち、幼少期に性的虐待を受けて育った者たちである。

最初に紹介するハーヴィー・カリニャンは、幼少期に大人の女性から性的虐待を受けて育った。そのため、女性全体に対する怒りが犯行の背景に隠されている。

その次に登場するドナルド・ハーヴェイは、厳しい家庭環境下で育ち、叔父から性的虐待を受けていた。その反作用として、他人の命をコントロールすることに執着するようになった。

彼らがどのように凶悪犯罪者になっていったのか、事件の内容とともに、家庭環境にも目を向けていきたい。

プロファイル9

ハーヴィー・カリニャン

――幼いころの性的虐待による女性たちへの怒りと復讐

ハーヴィー・カリニャンの家庭内力学

両親の離婚後、母親による
元夫を思い出させる
息子への**心理的虐待**

預けられた先々での
女性による**性的・心理的虐待**

自身が経営するガソリンスタンドで
アルバイトを募集し、口交中に
ハンマーにより女性を連続撲殺

一九七三年五月一日付の『シアトル・タイムズ』紙に、シアトル（ワシントン州）にあるガソリンスタンドの「アルバイト募集」広告が掲載された。それを見た一五歳の少女は、翌朝に電話をかけ、放課後に面接にいくことになった。

その日、その少女は面接にいったきり帰ってこなかった。

一カ月後の六月三日、シアトル近郊のエバレットという町で、その少女の遺体が発見された。性別すら判別できないほど腐敗が進んでいたが、歯型から身元が判明した。特に頭蓋骨の損傷がひどく、頭を鈍器で殴られたのが直接的な死因だった。

警察は、死体が発見される前から、ガソリンスタンドの経営者ハーヴィー・カリニャンを容疑者としてマークしていた。行方不明になった日、少女が面接にいったのは間違いないが、ハーヴィーは「待ち合わせはしていたけど、彼女はこなかった」としか答えなかった。しかし、警察がハーヴィーの前科を調べたところ、以前に強盗殺人の容疑で極刑を求刑されていた記録が出てきたのだ。

確かな証拠がなく警察が逮捕できずにいるうちに、ハーヴィーはガソリンスタンドを廃業し、シアトルからミネアポリス（ミネソタ州）へと移住してしまった。

一九七四年九月八日、ミネソタ州のシャーバーン郡で二九歳女性の遺体が発見された。彼女も頭を鈍器で殴打されていた。彼女はハーヴィーの同棲相手だった。九月一九日には、やはりミネソタ州のアイサンティ郡で頭部を叩き割られた女性の遺体（一八歳）が発見された。

そして、九月二四日、ようやくハーヴィー・カリニャンは逮捕された。

サイコパスの特徴は、まったく感情がない目

ハーヴィーは、私がサイコパス人格をより深く理解するために、意識的にコンタクトを取った人物である。

当時の私は、多くの文献を読み漁り、講習も受け、日本の刑務所ですでに数年間、面接官をしていた。そのため、頭ではある程度「サイコパス」という人物像を理解しているつもりでいた。

簡単にいえば、次の三つに集約される。

①感情が全般的に浅く、良心・罪悪感・共感が持てない。
②自分のことにしか関心がない。
③対人的に病的な嘘をつき、他人を操作し（弱さで同情させる・脅しで恫喝する）、他

者に責任を転嫁し、まわりを洗脳する。

しかし、「理論的に」わかっているのと、「実際に肌感覚で」わかっているのとでは大きな隔たりがある。そのため、「こいつはサイコパスに違いない」と直感する凶悪犯とやり取りをすることに決めたのだ。

典型的なサイコパスを見抜く最初の特徴は、「目」である。数多くの凶悪犯罪者の写真を眺めて、感情らしきものがまったくなさそうな「目」をした者に絞ることにした。その第一号がハーヴィーだった。

彼ら凶悪犯が実際に行った凶行は「もし自分の身内なら……」と思ってしまうくらい非道だ。しかし、いったんそのことは忘れて、彼らの「親友」になるのが私の仕事である。そこから得られた知見を社会にフィードバックすることで、社会を「真に安全な体質」へと移行していくのが研究者としての役割だからである。私の行動は、すべてこの目的遂行のためにある。

実際、数多くの凶悪犯罪者とコンタクトを取ってみると、写真のイメージとは異なり、意外と知的で礼儀正しい人物であるのに驚く。最初は、映画『羊たちの沈黙』に出てくるDr.ハンニバル・レクターのような、露骨に「私を喰おう」とする人物ばかりだろうと身構えていたのだが、そういう人物には今までのところ、一度も出会ったことがない。

ただ、異常に押しが強くマウントを取ろうとする者や何かちょっと気に入らないことがあると、その時点でぷっつりと返事がこなくなり、二度と関係が修復できない者がいる(シャバであれば、そういうときに犯行におよぶのかもしれない)。

性的虐待を受けた幼少期

ハーヴィー・カリニャンは、一九二七年五月一八日にノースダコタ州最大の都市ファーゴで生まれた。母親は、二〇歳の未婚女性だった。その四年後に母親が新たな男性と結婚したことで、邪魔になったハーヴィーは親戚に預けられた。しかし、預け先でもハーヴィーは歓迎されず、親戚の家をたらい回しにされた。彼には夜尿症があり、またおかしな行動を繰り返す症状もあったようだ。それらはのちに彼が連続殺人を犯す最初の兆候だったのかもしれない。

一〇歳のときに母親と一緒の暮らしに戻るが、夜尿症は治らず、再び母親から見捨てられ、一一歳で教護院に入れられる。夜尿症の背景には、恐怖体験が潜んでいると考えられている。何かに対する恐怖や緊張は子どもの神経を過敏にし、膀胱の機能を不安定にしてしまう。尿意をコントロールできなくなってしまうのだ。そのため、子どもの夜尿症は、彼らが精神的に安心できない環境に置かれている表れともいえる。

親戚の家や教護院で生活している間、ハーヴィーは性的虐待を含むさまざまな虐待を受けた。特に親戚の女性や女性教諭から性的虐待を受けたことは、その後の彼の女性に対するイメージに大きな影響を与えたものと思われる。人間は、それが被害行為によるものであっても、そのときの究極のアドレナリンを再体験したい願望を抱くようになる。ランナーズハイはその典型である。そのため、被害者としてやられたことを、今度は加害者として再現しようとする。それは、多くのケースに見られる心理メカニズムでもある。

また教護院では、まわりから相当ひどいいじめを受けていたようだ。一八歳で教護院を出たときは、精神的におかしくなっていたという。

その後、ハーヴィーはアメリカ陸軍に入隊し、一九四九年にアラスカのアンカレッジにある軍事基地にいたとき、五八歳の女性を殺害した。この事件でいったんは死刑判決が下されたのだが、かなり強引な立証だったために控訴審では破棄されている。ハーヴィー本人は、「事故でたまたま死亡してしまっただけで、本当ならば無罪になるはずだった」といっていたが、真実のほどは定かではない。

ハーヴィーは、一九六〇年に仮釈放されて社会に復帰。その数カ月後に強盗罪で実刑判決を受け、再び刑務所に舞い戻った。その後も仮釈放と収監を繰り返し、一九六九年に社会全体、特に女性に対する怒りに取り憑かれた状態で社会に舞い戻ってきた。

また彼は受刑中、ボクサーとして数々の賞に輝いたが、ステロイドを大量に摂取していたようだ。ステロイドとは筋肉増強剤であり、いわゆるドーピング剤である。攻撃性や突発的な暴力衝動を引き起こすともいわれている。ハーヴィーは、「ステロイドを打つとイライラする」と私に話していた。

レイプだけの罪で二〇年ほど刑務所に収容された男が、社会に出てきて連続強姦殺人犯になるケースがある。長期懲役による社会からの「隔絶」とその間に受ける通常以上の「ストレス」と「フラストレーション」から、彼ら特有の「暴力的ファンタジー（＝空想）」が、入所前よりも増幅されてしまうからだ。ハーヴィーの場合、こうした攻撃性の増幅に、ステロイドによる精神的興奮が加わり、さらなる犯行へとつながってしまった可能性がある。

ハーヴィー本人も、刑務所は社会復帰のためのリハビリ機関ではなく、あくまでも罪を罰するための機関であり、かえって受刑者たちの暴力性は増してしまう、と何度も私に漏らしていた。特に彼が収監されていたミネソタ州の刑務所は、囚人に対する扱いが厳しく、彼をより凶暴化させた。

女性たちの鬱積した性欲と攻撃性のいく先

ハーヴィーによると、母親は子どものころからなぜか自分だけを嫌い、まるで汚いものを見るかのようだったという。また、ほかの姉妹から隔離され、食べものやプレゼントなどにも「露骨な格差」があったという。彼だけを家に置いて、ほかのみんなで外出することも日常茶飯事だったようだ。

そして、幼少のころから親戚らの家をたらい回しにされ、そこで大人の女性たちから数々の性的虐待を受けたという。生活の術を持たない子どもの彼は、つらさを紛らわすために聖書を読んでみたが、納得できる答えは書かれておらず、神が助けにきてくれることもなかった。

ここで注意したいのは、特にアメリカの連続殺人犯の中には、過去に女性（男性の場合もあるが）から性的な虐待を受けた者が存在するという点である。

私見ではあるが、その原因はキリスト教による「性的な行為への強い抑圧」にあるのではないかと思っている。きらびやかなアメリカ社会では、その裏に、抑圧された女性の性欲が潜んでいる可能性が高い。アメリカ女性の性欲の鬱積による攻撃性の強さは、日本人には想像しにくいかもしれない。私が知っているだけでも、何人もの囚人が幼いころに女性に何度も犯され、ひどいものになると尿道口に針金を入れられたりした者もいる。

特に最近は、潜在していた女性の性欲と攻撃性が、以前よりも表社会に出始めているような気がする。その証拠にヒットチャートを賑わせているアメリカ人女性アーティストたちは、性的な歌詞を平気な顔で歌っており、多くの女性がそれに共感している。

こうした社会的にタブー視された女性の性欲や攻撃性の問題は、今でこそ表社会に出てきているが、以前は表に出すことができず、家庭という密室の中で、見えないかたちで排出されてきた。まだ小さな子どもだったハーヴィーは、社会的に抑圧された女性たちの性欲のはけ口にされたのだ。表面化されていないだけで、ハーヴィーと同じような性的虐待はアメリカ社会では決して珍しくない。男性と同様、女性にも強い性欲が存在し、それがなんらかのかたちで解消されているのは時代を超えた事実なのだ。

女性による性的虐待という家庭内力学によって、子どもたちの心は歪められ、女性に対する怒りが胸に刻み込まれて大人へと成長していく。そして、女性への復讐に駆られた狂気と化して社会に放たれるのだ。

その典型がハーヴィー・カリニャンである。彼の尋常でない「目」を形成した原因のいくらかは、間違いなく女性に対する怒り・憎しみであったはずだ。たらい回しにされた親戚と施設で刷り込まれた攻撃性が、ステロイドとボクシングによって増強されたハーヴィーは、幼少期に母親や女性たちから受けた仕打ちに復讐し続けたのだ。

捜査した警察官によると、ハーヴィーは女性にオーラルセックスをさせている間にハンマーで頭を殴るのが好きだったようだ。そのため、「ハーヴィー・ザ・ハンマー」という異名を持っている。おそらく、それが彼が思いつく女性に対する最高の侮蔑表現だったのだろう。ひょっとしたら、同じような侮蔑を小さなときに女性たちから受けていた可能性もある。

無条件の純粋な愛情

その一方で、心の支えもあった。小さいころ、短期間ではあったが、父親から無条件の愛情を与えられていたのだ。父親は、ハーヴィーの誕生日に彼だけを車で連れ出し、プレゼントを買ってくれた。その記憶だけが彼にとって本当に大きな心の支えであり、心の中のプラスの基盤となっていた。

ハーヴィーは、若いころから「暴力的になると抑えられなくなる自分」と、「そのままではいけないと感じる自分」がいることに気づいていた。後者の自分が、多くの哲学書や宗教書を読ませ、自分なりの答えを探し求めていたようだった。

私が手紙のやり取りを始めたのも、ハーヴィーが自身に関する理解を求めている時期だった。彼は私に「なぜ自分がこんなふうになってしまったのか」「本来は何を求めて生きていくべきなのか」といった哲学的疑問をストレートにぶつけてきた。

私は「宗教や理論はあとになって人間がつくり出したものだから、本当の答えは私たちが生まれ、そして死んで帰っていく『自然』と、そこに通じている自分の『心の中の自然な気持ち』を大切にすることにあるんじゃないのかな。外から教えられる性悪説に基づいた理屈じゃなく、性善説に基づいて自分の正直な心に照らし合わせて、心底から心地よく感じる方向を信じて生きるだけでいいんじゃないかな」と、自分なりのスタンスで答えた。そんな私の言葉に彼は感動したようで、まわりの若い囚人たちに老人であるがゆえにからかわれることもあるが、気を悪くすることもなく、以前より穏やかで安定した暮らしを送っていたようだ。

しかし、若いころのハーヴィーは、他人への共感など微塵《みじん》も感じることのない「真性のサイコパス」であったろうことは間違いない。

私は、彼から二つのことを学んだ。

一つは、サイコパスとしての攻撃的習性も、性欲の衰える高齢になると少しずつ薄れていくこと。もう一つは、どれほど凶悪な犯罪者であっても、子どものころに誰か一人でも

「無条件の純粋な愛情」を注いでくれた者がいれば、歳を重ねるごとにそのプラスの要因が徐々に強まり、正しい方向に進もうと感じ始めるということだ（だからといって、長年確立された習性を完全に更生するのは容易なことではないが……）。

「更生」という言葉があるが、愛情をかけられた経験が一度もない人間には更生の道は存在しない。なぜなら彼らには戻るべき正しく生きていた自分など存在しないからだ。誰からも無条件の愛情を受けたことのない人間にとっては、反社会的で破壊を繰り返す道を最後まで歩み続けるしかないのである。

プロファイル10
ドナルド・ハーヴェイ
——母親と祖母による支配から他者の命の完全支配へ

ドナルド・ハーヴェイの家庭内力学

支配欲の強い祖母と母親による**心理的虐待**
＋
叔父による**性的虐待**

↓

病院の用務員として、不治の病の患者を救うと称し、87名を連続殺害することで自己の支配欲を満たす

気性の荒い母親と祖母、そして性的虐待の叔父

二〇一三年三月三日、オハイオ州の田舎にあるアレン刑務所を訪れた。面会予定の男の名はドナルド・ハーヴェイ。一九七〇年から一九八七年の間に、病院の用務員・看護師補助として、本人曰く八七名もの入院患者（友人・隣人なども含めて）を殺害した人物だ。彼は最初、重症者の痛みを取り除くためとしていたが、のちに心疾患の患者を殺害するようになり、その殺害行為は明らかに別の目的に変容していった。自らを「死の天使（＝Angel of Death）」と呼び、死刑を逃れるために司法取引を行って、二八回の終身刑を受け入れていた。

アレン刑務所は、金属探知機はあるものの、建物入口の待合室から面会室まで一〇メートルくらいしか離れていなかった。その間に監視による自動ドアが二つあるだけだ。面会室は四組しか入れないほど小さかった。まるで日本の小学校の教室のようである。面会室は一階にあるにもかかわらず、これまた学校の教室のような窓がついており、その窓の向こうには駐車場が見える。

「これなら誰でも簡単に脱獄できるのではないか」などとあれこれ思いながらドナルドを待っていた。

現れた男は、ヒョロリとした弱々しい男で、色つきのメガネをかけていた。私のことをジッと見つめたあと、「昨日ずっと、くるかと思って準備していたんだけど」と咎《とが》められた。飛行機が欠航した経緯を説明すると、納得したように笑顔を見せた。ついでに「刑務所の人はみな親切にしてくれて助かったよ」というと、まるで自分の身内が褒められたかのように満足そうな表情になった。

スナックとジュースを食しながら、雑談から始めた。最初に困ったのは彼の「訛《なま》り」だった。ドナルドは訛りが強く、最初の五分くらいは何をいっているのか、雰囲気で理解しなければならなかった。

ドナルド「君はラッキースターだよ。君が今日きてくれることが決まったすぐあとに母親から連絡があって、来週面会にきてくれるんだ」

私「お母さんとは仲が悪かったんじゃないの?」

ドナルド「子どものころはいろいろあったけど、もう人生も後半戦だからね。そうした昔の記憶は水に流すことにしたんだ」

ドナルドはメガネの厚いレンズの向こうからジッと私のほうを見ながら話をする。彼はホモセクシュアルなので、手紙でのやり取りでも性的なことにたびたび触れ、私の反応を見ているようだった。しかし、私がそれに乗らない人間だとわかると、そうした話題は一切なくなった。面会でも変にベタベタしてくる様子はない。

母親の話が出たので、前から思っていた疑問をぶつけてみた。ドナルドは手紙で、「いつも理想的な子どもでいなければならないのは苦痛だった」と書いていたのだ。

私「お母さんやおばあちゃんから心理的な虐待を受けていたっていうのは本当なの？」

ドナルド「ウチは母親と祖母が二人とも気の強い家庭だったんだ。もっとも当時はどこの家庭も厳しかったけどね。ただ、僕のいうことを彼女たちが聞いてくれないとわかってくると、だんだん自分から無理な衝突を避けるようになって、一人で遊ぶようになったよ」

ドナルドは、私への手紙に「親からのストレスだけでは決して連続殺人に至ることはなかった」とも書いていた。では、本当の原因は何か。彼はかわいい顔をしていたからか、四歳から一八歳まで、自分よりも二歳年上の叔父から継続的に性的虐待を受けている。また、一六歳のころからさまざまな男性と性的関係を持つようにもなった。

私「もし叔父さんの件がなかったら、殺人行為に走らなかったと思う？」

ドナルド「僕は、もしもこうだったらとは絶対に考えないようにしているんだ。もう起きてしまったことは変えようがないからね。受け入れるしかないんだ」

ドナルド・ハーヴェイは、一九五二年四月一五日、オハイオ州のハミルトンという町で生まれた。父親と母親の間にはかなりの歳の差があり、父親は仕事の関係で不在にすることが多かった。両親の年齢に大きな開きがある場合、高齢の父親の影が薄くなるケースが多い。物理的に留守にしがちだったこともあり、気の強い母親と祖母の影響力がとても強かった。水道も通っていないような非常に貧しい生活の中、支配的な二人の女性に抑圧されながら少年時代を過ごした。

そういう環境もあってか、学校でも先生の顔色を窺う一方、一度決めたら絶対に方針を変えないという性格も覗かせていた。ドナルドには、自分が飼いたいと思っていたヒヨコを母親に反対されると、彼女の目の前で扇風機の羽根でヒヨコを殺害したというエピソードがある。

私「ヒヨコの話は本当？」

ドナルド「本当だよ。でも、一度親鳥から引き離して人間の匂いがついてしまうと、親鳥はそのヒナの面倒を見なくなるって聞いたから、殺してあげるのが一番だって判断したんだよ」

今思えば、この事件は、のちのドナルドの安楽死連続殺人を予期する行為であったと十分考えることができる。

他人の命をコントロールして「神」になる

ドナルドは、ヒヨコの話をしたあと、そのまま病院での殺人についても語り始めた。

ドナルド「患者を殺したのだって、それが彼らにとって幸せだと思ったからなんだ。少なくともそのときはそう思っていた。どうせ余命が長くない人たちばかりだったからね。回復の見込みのある人は絶対に殺さなかった。僕は行為におよぶ前、患者のカルテや検査結果を徹底して調べ上げたからね。もうすぐ死ぬ患者だけをその惨めな状態から救ってあげたわけ。間違ってないでしょ?」

ドナルドは一八歳のとき、ケンタッキー州のメアリーマウント病院で働き始めた。入院していた祖父の見舞いに頻繁に訪れているうちに、親しくなった看護師の紹介で看護助手の職に就いたのだ。

その数カ月後、事件が起きた。最初の被害者である八八歳の男性は、枕を押しつけて窒息死させられた。ドナルドは聴診器で心臓の音を聞いて、死亡したことを確認した。二人目の犠牲者は六九歳の男性で、サイズの異なるカテーテルが挿入された。患者は「抜け」と訴えたが、ドナルドは無視して吐血するまで掌でさらに押し込んだ。

三人目の被害者は四二歳の女性だった。彼女はドナルドに「自殺したい」と訴え、実際に彼女が「死にたい」と祈りを捧げているところを見たという。ドナルドは彼女への酸素供給を止めることで、女性の命を奪った。これが彼の「安楽死殺人」の最初ともいわれている。

その後も犯行は続いた。ヒ素や青酸カリ、インシュリン、モルヒネなどの薬物投与など、さまざまな殺害方法に手を出した。それにもかかわらず、ドナルドは逮捕されなかった。ドナルドは詳細な殺人日記をつけていたが、そこに次のように書いている。

「僕はほかの人間の生死をコントロールした。僕には人の生死を自由にコントロールできる能力が備わっているからだ。一五回殺しても捕まらないとわかったころから、僕は他人の命をコントロールできるのは自分の特権だと思うようになっていった。僕は自分自身を裁判官、検察、陪審員のすべてに任命することで、神としての役割を果たしてきた」

一般に、「薬物」などを使った殺害手口は「女性的」とされる。殺害できれば、相手が死ぬ過程には重きを置かない。本当はその瞬間を見たいと思っていても、体力に自信がないため闘えないからだ。そのため、女性の連続殺人犯の場合、殺害して遺産を奪うのが目的となる場合が多い。同性愛者であり華奢な体をしたドナルドも、同じように女性的な手口を使うことが多かった（本人はバイセクシュアルだといっていたが）。

ちなみに、女性の場合、ストレスに対する耐性が強いため、男性とは異なり、ネグレクトを受けた場合でも連続殺人に走るケースが多いという印象を受ける。そのため、ネグレクト特有のモノ（金）に対する病的執着から連続殺人に走る者が多く存在する。また、相手が死んだのちにその人間の持っていた所有物を奪うことで、究極の心理的な征服感を得ているという指摘もある。

ドナルドは、黒魔術や悪魔教といったカルトにもハマっていた。これは、ドナルドのような連続殺人犯に限らず、大量殺人犯にも当てはまる。自分の犯罪を正当化するためのものである。

どれほど凶悪な犯罪者でも、初めて「殺人」という一線を越えるのには非常に高いハードルがある。そのため、過激な思想や宗教、過去の凶悪人物やドラッグといったなんからの力を借りることで精神的な支えとするのだ。

ドナルドも最初の三人まではビクビクしたといっていた。特に最初の殺人のあとは、「まるで感情のジェットコースターに乗ったようだった」と話していた。一人目の殺人は、汚物を顔に塗られたことで腹が立った末の犯行だったという説もある。我を忘れるような怒りも、一線を越す原動力となる。そして、そのときの興奮が忘れられずに、次の犯行におよぶのだ。

一般に、連続殺人の一回目は、思いどおりにいかないことが多い。長年頭の中で描き続けたファンタジー（＝空想）と現実に人を殺めるのとはまったく異なる。だから、「二回目はもっとうまくやろう、三回目は、こんなふうにやろう……」となる。回数を重ねるごとに、より手際よくなっていく。その一方で、ドラッグと同様、慣れによるマンネリ化から、「もっとハイに、もっとハイに……」という焦りもあり、一つひとつが雑になり、そこから足がついてしまうケースも多い。

事前にやり取りしていた手紙の中で、ドナルドは「自分には、穏やかでやさしい面と、一度心に決めてしまうと絶対に揺るがない冷たい面がある」と書いていた。

彼の場合も、実際の動機の多くは自分が抱える「怒り」であったとしても、頭の中で相手を殺害することが「正義」だと処理（＝正当化）していたからこそ、二〇年近くにわたって殺人を繰り返すことができたのだろう。

連続殺人の本当の動機

ドナルドとの面会は、まるで入院している友人の見舞いのような雰囲気だった。だが、与えられた時間があまりに短く、また隣の面会者のテーブルとの距離があまりに近過ぎたため、残念ながら、殺人に直接関係する核心部については切り出すことができなかった。

私は「せっかく日本からきたのに……」というやるせない思いで「じゃあそろそろ帰るね」と伝え、何気なく窓の外を指差して「あの白いクーペが僕のレンタカーなんだ。今日はたまたま僕の誕生日だったんで、レンタカーの受付が気を利かせてグレードアップしてくれたんだ」といった。すると、ドナルドは「ごめん。受刑者は窓のほうを見てはいけないルールになってるんだ」と寂しそうに答えた。こんな些細《ささい》なやり取りで、ここが一般社会ではない刑務所なのだと改めて感じたのだった。

ドナルドは私の顔を舐めるように眺めてから、「これで君がどんな人か目に焼きつけたから、もう大丈夫だ」と笑った。

面会が終了すると、先に受刑者から退出する。ドナルドはドアに向かうと、まったくうしろをふり返ることなく刑務所の日常に戻っていった。

その後も手紙でのやり取りが続いた。直接いえないことでも手紙だといいやすいのだろうか。ドナルドの手紙には具体的なことが書かれていた。

例えば、性的虐待を受けた叔父については、こう記してあった。

「性的虐待はいやでいやでしょうがなかった。でも、途中から立場が逆転したけどね。僕がコントロールする側になったんだ。まだ一方的に虐待を受けていたころから、僕がどんなこと考えていたかわかる？　表向きは彼にコントロールされているふりをして、実際には決して彼の好きなようにはさせないって思ってたんだ。実際には、十中八九は僕が彼をコントロールしてたと思うよ」

人間というのは、虐待やネグレクトなど、自分ではコントロールできない状況に置かれると、「何か」をコントロールしようとすることで心の安定を得ようとする。そして、その何かすらない場合には、自分の気持ちをコントロールしようとする。たとえ性的な虐待を受けていても、「心までは売っていないんだ」と思うことで心理的な生き残りを図ろうとするのだ。こうした必死のコントロール願望は、のちの殺人を犯す心理へとつながっていくと考えられる。

ドナルドは殺人を犯していた当時について次のように語っていた。

「僕は患者たちに対して〝神〟を演じていたんだ。一八歳から始めて、最初の一年間で一三人殺した。最初の一人を殺してからというもの、まるでジェットコースターのようだった。とにかく捕まらないように、ただそれだけを考えていたよ。最終的にはトータルで八七人に対して〝神〟を演じたんだ。僕は彼らの運命を完全に支配する力を持った。誰にも知られることなしにね。夜眠れないようなことはなかったかって？　一度もなかったよ。〝神〟を演じるってことは、完璧な結果を生み出すことだからね」

「死の天使」の悲惨な最期

決して自分の意見を聞いてくれることのない高圧的な母親と祖母のもとで溜め込んだ、いき場を失った鬱憤、そして逃れることのできない叔父による性的虐待への強烈な怒り。こうした自分ではコントロールできない抑圧的な環境に、成人するころまで置かれたドナルドは、病院という弱者がいる環境で働くことで、それまでの自分の立場を完全に逆転させ「神」というアイデンティティを定着させた。そして、抵抗できない患者たちの命をコントロールして次々と殺害していったのである。

厳しいコントロール下で育った人間は、その反作用として他人をコントロールしようとする。人間の最期を自分の手の内に握ることは、まさに究極のコントロールといえる（そのため、このタイプはパワー・コントロール型と呼ばれる）。ドナルドはこの「こいつの人生は俺が終わらせられる」という感覚に取り憑かれてしまったのである。

一九七一年三月三一日、ドナルドは強盗を働いて警察に逮捕されている。そのとき、彼はそれまでの一五件の殺人を告白したが、ドナルドが酔っ払っていたためか、警察は真面目に受け取ってくれなかった。ドナルドは自分では抑えられない衝動を誰かに止めてもらいたかったのかもしれない。

その後、病院の仕事を辞めて空軍に入隊した。しかしうつ病を患って精神病院に入院。そこで二回も自殺未遂をして除隊になっている。

一九七五年九月にオハイオ州のＶＡメディカル病院で、再び看護助手として働き始めた。このときには「神」になる覚悟が改めて確固たるものになっていたのだろう。一九八七年四月に逮捕されるまで、彼は迷うことなく何十人もの命を闇に葬り去った。ドナルドは「神」ではなく、「死神」になったのである。


その後、ドナルドはメールの使用が可能になり、月に一回か二回のペースでやり取りが続いた。日常のことを相談し合ったりして、数年が経過した。彼は私の誕生日を覚えていて、バースデーメールをくれる世界でたった一人の人間だった（ちなみに、こうした人並み外れた義理堅さは、いったん裏切られると態度を激変させることの裏返しともいえる）。

ところが、ある私の誕生日、彼からの祝福のメールが届かなかった。何か気に障ることをいってしまったかなと思いながらネットで検索してみると、彼の死亡記事が出てきた。二〇一七年三月二八日に舎房内で激しく殴打され、その二日後にドナルド・ハーヴェイは死亡していた。

詳しく調べてみると、ドナルドを殺害したのはジェームズ・エリオットという人物で、隠し持っていた武器によるほかの囚人への傷害未遂で、ドナルドと同じ特別保護区域に収監されていたようだった。

実は、このジェームズ・エリオットという人物は、ドナルドによって殺害された人物の親戚の家近くで子ども時代を過ごしていた。その報復としてドナルドを撲殺したという。八七名もの命を奪ったというドナルド・ハーヴェイ。自然の摂理からいえば、このような無残な最期でも仕方がない。私がやり取りをしている受刑者は、そのほとんどが終身刑か死刑囚であり、本や映画、ドラマ、ドキュメンタリー番組などの題材になっている。いってみれば、裏の世界のスーパースターたちである。

彼らは自分一人の命では償い切れないほどの人間を殺害している。その点は揺るぎないものの、私はドナルドと個人的な話をたくさんし、「心の生活」をともにしてきた。そんな彼が撲殺というひどいかたちで殺害されるとは、まったく想定していなかった。

日本では、家庭内の性暴力は表に出にくい。特に女性による性的虐待は、今までほとんど表出することがなかった。しかし、徐々に問題が露呈してきている。日本の先を歩んでいるアメリカでは、一九六〇年代後半にウーマンリブ（女性解放運動）が叫ばれるようになり、最近では「Karen（カレン）」が問題になった。

カレンとは、勘違いした権利を主張し、高圧的な態度でまわり（特に、黒人・ヒスパニック・東洋人などの有色人種）に激昂・攻撃する中年の白人女性の総称である。例えば、スーパーマーケットで店員の態度に腹を立て、大声で怒鳴ったり、商品を投げつけたりする映像が、「#karen」というハッシュタグをつけたかたちでSNSで数多く投稿されている。自分の思いどおりにいかないと暴力的になる女性が多いという時世を反映しているのだろう。

特に問題になった事件があった。公園で犬にリードをつけずに散歩していた白人女性に、バードウオッチングを楽しんでいた黒人男性が「リードをつけてください」と注意した。すると、白人女性は「黒人が私と犬を脅している。すぐにきて！」と警察に通報したのだ。このときの映像がSNSにアップされ、社会問題になった。というのも、これまでにも白人女性が「今、黒人に乱暴されようとしています」といった嘘の通報があり、実際にその黒人が逮捕されたり、中には駆けつけた警察官によって射殺されたりした事件があとを絶たなかったからだ。

アメリカでは女性による過激な攻撃性や性暴力がすでに大きな社会問題になっているわけだが、実は日本でも女性の性的虐待は多く存在している。私が刑務所で面接した入所者たちの中には、姉や従姉、親戚のおばさんに性的虐待をされたという男性が、それなりの数いるのだ。中には、ドナルド・ハーヴェイのように、男から男への性的虐待を受けたケースも存在する。

当たり前だが、女性も強い性欲を持っており、それが満たされないと、一番弱くて安全なところ、つまり小さな男の子がはけ口になるのだ。

日本でも女性の社会進出が声高に叫ばれている。それはいいことではあるが、日本もアメリカのあとを追っているようにしか思えない。いき過ぎた資本主義の結果、子どもは親の所有物と化し、攻撃性とストレスを抱えた女性たちのはけ口となるケースが増えることを私は心配している。

実際に、ここ最近、女性による事件が増えてきた。東京在住の二四歳の女性は、三歳の子どもを自宅に残して、男性に会うために鹿児島県に出かけた。置き去りにされた子どもは八日間放置され自宅で餓死した。静岡県沼津市の海岸では、生まれたばかりの乳児の遺体を燃やして、二四歳の女性が逮捕された。水戸市の三九歳の女性は、八歳の長男と五歳の長女を刃物で刺して殺害した。

こういった事件が増えてきたのも、これまでは社会的タブーだった女性が抱える攻撃性や性欲が日本でも表面化してきた表れであるように思われる。私たちは、一つの現象として女性の攻撃性と性欲を改めて見直す必要があるのだ。

アメリカ社会を模倣する日本において、女性の発言権向上や社会進出に比例し、女性の攻撃性や性欲はこれからより社会に露呈していく傾向にある。

第5章

母親による過剰な介入

日本における要注意指数＝

母親による過剰な介入は、母親による虐待にまでは至らない非過激バージョンである。そのため、母親による愛情のネグレクトに比べると、増加傾向にあるとまではいえない。しかしながら、悪意はないとはいえ、女性の攻撃性がより表出しやすい社会状況にあって、子どもの成長過程に過剰に介入することで自然な成長を歪ませてしまうケースは、母親による虐待よりは生じやすいことが見込まれる。

母親による過剰な介入を受けた子どもは、
母親を否定することができないことから、
攻撃性を内に溜め込み、暴発的に殺人を繰り返す。

一九九七年二月から五月にかけて、五人もの小学生が殺傷された神戸連続児童殺傷事件。二人の尊い命が犠牲になったこの事件の犯人は、自らを「酒鬼薔薇聖斗《さかきばらせいと》」と名乗る当時一四歳の中学三年生の男子だった（少年Aとも呼ばれている）。

殺害した男子児童の頭部を自身が通っていた中学校の校門前に遺棄したこと、新聞社に犯行声明文が届いたことなど、あまりにもセンセーショナルな事件だったため、当時の日本列島は震撼した。

少年Aは、三人兄弟（三人とも男子）の長男だった。母親はしつけに厳しく、「一番上の子を厳しく育てれば、下の子は兄に習うだろう」という考えのもと、特に長男の少年Aに厳しく接した。また、年子で誕生した弟が喘息を抱えていたため、母親は少年Aに愛情をかける余裕がなかったようだ。

母親の厳しいしつけは、少年Aにとっては虐待だと感じられた。少年Aのはけ口は弟に向かうが、それを見た母親は少年Aに厳しい態度を取った。少年Aは小学三年生の作文で、母親のことを「まかいの大ま王」と書いている。

一方の父親は仕事に忙しく、休日はゴルフに出かけるという、当時では普通の仕事人間だったが、それ以上に息子にはほとんど関心を持っていなかった。息子がナイフを所持していることが判明したときも、猫の死体が軒下から見つかったときも、父親は何もいわなかったという。

少年Aは、母親による愛情を得られず、そのうえで過激なしつけという虐待（心理的虐待）を受けて育った。少年Aの心の拠りどころは祖母だけだった。その祖母も少年Aが小学五年生のときに他界。それ以降、少年Aの行動はさらに異常なものへと変容していった。祖母の愛犬の食事を野良猫が食べたことに腹を立て、猫をナイフで殺害した。またナメクジを空き瓶に集めて解剖していたという。

逮捕されてから三カ月後、両親はようやく少年Aと面会が許された。そのとき、少年Aは、「帰れ、ブタ野郎！」と罵《ののし》り、その後もずっと両親を睨《にら》んでいたという。それほど、少年Aにとって両親は憎い存在だったのだ。

支配的な母親による「過剰な介入」は、子どもにどのような影響を与えるのか。

ここでいう「過剰な介入」は、虐待の一種であり、心理的虐待にあたる。ただ、親も自分が虐待をしているとは気づいていないケースが多い。

ちなみに、過剰な介入は過保護とは異なる。過保護とは、子どもが望むことをなんでも聞いてあげることであり、それは子どものためである。一方の過剰な介入は、自分の願望を子どもに押しつけること。親である自分のためでしかなく、子どもの気持ちは一切無視しているのである。

ここで虐待、過剰な介入、過干渉、過保護に対する本書での定義を整理しておく。

虐待＝習慣的に行われている肉体的な暴力、言葉の暴力、いやがらせ行為（第2章と第3章）

過剰な介入＝虐待にまでは至らず親に悪意はないが、その特異な性向により、肉体・言葉・行為によって子どもが不快に感じる状況を繰り返すこと（第5章）

過干渉＝「親の願望」を巧妙に子どもに押しつけ、子どもがそれを自分の願望と錯覚するように心理的にコントロールすること（第6章）

過保護＝「子どもの要望」を親が度を越して与えること

過剰な介入の例として、本当は女の子がほしかったという思いから、男の子なのにまるで女の子のような格好をさせたり、シングルマザーで男親がいないがために、男の子の成長に対して神経質なほど介入してしまったりすることが挙げられる。

このあとに紹介するデイビッド・バーコヴィッツやケネス・ビアンキのような養子家庭だと、子どもを望んでいた年月が長かったこともあり、子どもに対して自分の過剰な理想を押しつけてしまいがちになる。

端的にいえば、子どもの成長過程において、その成長を極端に歪めてしまうような育て方をすることである。

過剰な介入は、露骨な暴力や暴言でないまでも、子どもに対して不自然な力が継続的にかかり続ける虐待の一種といえる。そのため、少年Aもデイビッド・バーコヴィッツも、そしてケネス・ビアンキも連続殺人犯なのである。

プロファイル11 デイビッド・バーコヴィッツ
——養子家庭での孤独から生まれた病的な承認欲求

デイビッド・バーコヴィッツの家庭内力学

養子家庭・
支配欲の強い母親による
過剰介入

自身が情事により生まれたことから、
カップルや女性ばかりを狙い、
44口径で連続銃殺

一九七六年から一九七七年にかけて、ニューヨークを文字どおり恐怖の渦に巻き込んだ男がいる。その男は、44口径の拳銃を使い、若い女性やカップルばかりを標的にした。死者六名、負傷者一〇名を出し、犯行の道具として使われた銃から、男は当初「44口径キラー」と呼ばれていた。しかし、自ら「Son of Sam」の名前で事件担当警部や新聞のコラムニストなどに手紙を送り自分が犯人であると名乗ったことから、のちに「サムの息子」と呼ばれるようになった。

そして、最初の犯罪から約一年後、サムの息子は逮捕された。彼の名は、デイビッド・バーコヴィッツ。郵便局で仕分け係をしていた男だった。彼は黒髪でロングヘアーの女性ばかりを狙ったため、犯行当時、ニューヨーク在住の女性たちはみなこぞって髪型を変えたほどだった。

六名の命を奪った連続殺人事件

一九七六年七月二九日午前一時、駐車中の車の中でおしゃべりをしていた二人の女性が狙われた。一八歳の薬剤師は車から出たところを銃で首を撃たれて死亡。運転席にいた一九歳の看護師も太ももに銃弾を受けたが、ハンドルにもたれかかった拍子にクラクションが鳴り響いたために、犯人が逃走して一命を取り留めた。

その三ヵ月後の一〇月二三日、今度はカップルが犠牲になった。午前二時三〇分、車中にいた男女に五発の銃弾が発射された。一発は男性（当時二〇歳）の頭部にあたったが、奇跡的に生還した。女性（当時一八歳）は軽傷ですんだ。

さらに一ヵ月後、一一月二七日、夜遅くまで玄関の前でおしゃべりしていた二人の女性の前に44口径を隠し持った男が現れた。彼は道を尋ねるふりをして近づき、拳銃を発砲した。二人とも命は助かったが、一人は脊椎《せきつい》を損傷して下半身麻痺になった。

年が明けて一九七七年一月三〇日の午前〇時過ぎ、男女のカップルが車に乗り込み、動き出そうとしたそのとき、助手席の窓ガラスが銃弾によって粉々に砕け散った。助手席にいた女性（当時二六歳）はしばらくして息を引き取った。男性（当時三〇歳）は必死に助けを求めて難を逃れた。

三月八日の午後七時半ごろ、短大の女子学生（当時一九歳）が大学からの帰宅途中、自宅のすぐ近くで銃撃された。銃弾は顔面から頭蓋骨に達し、女性は即死だった。

さらに四月一七日午前三時ごろ、車内で抱き合っていた男女が犠牲になった。二人とも頭に二発の銃弾を撃たれ、女性（当時一八歳）は即死、男性（当時二〇歳）は二時間後に病院で亡くなった。

六月二五日には、ディスコで意気投合した当時二四歳の男女が銃撃された。女性は首、こめかみ、肩を撃たれたにもかかわらず、男性とともに生き延びることができた。

その一カ月後、七月三一日、車中にいたカップルが狙われた。二人は、初デートで初めてのキスを交わしたばかりだった。男性（当時二〇歳）は顔面を撃たれて視力と聴力を失ったが、奇跡的に命を取り留めた。しかし、女性（当時二〇歳）は頭部を撃たれ、三八時間後に病院で息を引き取った。

そして、一九七七年八月一〇日、ついに「サムの息子」ことデイビッド・バーコヴィッツは逮捕された。殺人現場の一つ、その近くの駐車違反の車の中から、証拠物が発見され、その車の持ち主がデイビッドだったのだ。

これによりデイビッドは、六名の殺人で懲役三六五年の有罪判決を受けた（ニューヨーク州では死刑制度が廃止されている）。

養子家庭の歪んだ愛情

デイビッド・バーコヴィッツは、一九五三年六月一日、イタリア人の父親とユダヤ人の母親のもとに生まれた。実の母親には別居中の夫がおり、デイビッドは母が別居中に不倫相手との間にできた子どもだった。また父親が子ども嫌いだったこともあり、生まれて二週間後に養子に出された。

デイヴィッドを引き取った養母は、長年子どもができなかったこともあり、念願の子どもを必要以上にかわいがった。それは、近所の人々にデイビッドを自慢してまわるほどだった。しかし、それは子どもに対する愛情ではなく、自分に対する愛情でしかない。あくまでも親のエゴなのだ。また養母はとても気性が激しく潔癖症な面もあり、デイビッドが顔に泥をつけて帰ってくると、頬を平手打ちして怒ったという。

デイビッドいわく、幼いころから、「自分はほかの子どもたちよりも一回りも大きく、容姿も醜いと感じていて、まわりに溶け込めなかった」ようだ。

ほかの子どもに暴力をふるい始めるようになったのも、幼少のころからだった。小学生になってからも、小太りであることを理由に友だちからからかわれ、クラスでは人気もなく独りぼっちだったという。

一二歳のころには虫や動物を虐待するようになり、さらに放火も頻繁に犯すようになる。デイビッドは逮捕されるまでに二〇〇〇件近くも放火したと話している。前にも触れたとおり、放火と動物虐待、夜尿症の三つのうち二つ以上がそろうと、将来の暴力性を予期できるといわれている（マクドナルドの三兆候）。彼は何千匹もの昆虫を火で焼き殺したり、接着剤で固めたりしていたという。

一四歳のときに養母が乳がんで亡くなると、養父は新しい女性と再婚した。デイビッドは家庭での居場所を完全に失った。IQは118と高かったが、勉強にまったく関心がなく、成績もかなり悪かった。女性にも人気がなかったため、もっぱらマスターベーションに耽る思春期だった。

一九七一年、高校を卒業したデイビッドは、自立するためにアメリカ陸軍に入隊した。韓国の米軍基地で勤務したが、そのときに童貞を捧げた娼婦の女性から性病をうつされた。一八歳のときには、マリファナ、LSD、覚醒剤などのドラッグにも手を出している。三年間の軍隊暮らしのあと、一九七四年に名誉除隊になる。軍人としての勤務に特に問題はなかったようだ。アメリカでは軍歴が重要視される傾向があり、デイビッドも除隊後、すぐに郵便局で働いている。ちなみに、彼の代名詞でもある44口径の拳銃は、軍隊時代の友人から購入している。

韓国から帰国したデイビッドは、実の母親の居場所を突き止めて会いにいったが、一緒に暮らすことを拒否された。

「劇場型＋悪魔信仰的」犯罪

デイビッドは、犯行の合間に担当刑事に挑戦状を送りつけている。「44口径キラーは精神異常者であり、女性のことを憎悪している」という警察の発表に対して、「俺は女嫌いではない。俺はモンスターであり、サムの息子だ」と反論したのだ。

その手紙には、父親であるサムは、お酒を飲んで酔うと暴力的になり、家族を殴ったり、紐で縛りつけたり、倉庫に閉じ込めたりすると書かれていた。また、サムの命令によって仕方なく殺人を犯しているという。サムは年老いているため、若い女の血が必要なのだそうだ。

また別の日には、新聞社の記者宛てに手紙を送った。その記者は、「44口径キラー」のことをコラムに書いたことがあった。手紙は、最近自分を注目してくれないことに腹を立てた内容であり、新たな犯行予告とも取れるものだった。そのころから差出人のペンネームである「サムの息子」と呼ばれるようになった。

デイビッドは逮捕後、「自分の犯行は隣の家に住んでいる住民（サム）が飼っている黒いレトリバーに乗り移った悪魔に指示された」と自供している。

ちなみに、この悪魔教的な言い訳が嘘であることは、ＦＢＩのジョン・ダグラスが見抜き、デイビッドも認めている。彼の精神鑑定は被害妄想性統合失調であったとの説もあるが、結果的に刑事責任能力はあると判断されている。

警察に挑戦状を送りつけるなど、劇場型犯罪の要素も強く、さらに悪魔信仰をほのめかしたことで、彼の名前は全米に知れわたるようになった。デイビッドは、自身の知名度を利用し、事件をテーマにした本を何冊も出版し、多額の印税を得た。批判の声が高まり、「犯罪者がその犯行に基づいて経済的な利益を得てはいけない」という法律が一九七七年にニューヨーク州で制定されたのだが、その法律名は「サムの息子法」である。

サムの息子に会いにいく

二〇一三年二月二八日午後九時、私はニューヨーク州のラグーディア空港に到着した。手紙で何度かやり取りをしていたのだが、ついにデイビッドと面談できることになったのだ。逮捕からすでに三〇年以上が経ち、その年還暦を迎えるデイビッドはキリスト教に目覚めて敬虔なクリスチャンとなり、模範囚として服役している。刑務所内では、囚人のメンタルケアをするカウンセラーのような役割を担っているという。

デイビッドと親しくしているクリスチャンの老夫婦の連絡先を教えてもらい、彼らの助けを借りて面談の手続きを行った。

サリバン矯正収容所での面会は、私以外、何度もトイレにいく怪しい女性と明らかに現役のギャングだとわかる真っ赤なジャージを着た黒人男性の二人だけだった。黒人男性の顔には大きなナイフの傷があったが、非常に礼儀正しかった。暴力社会で生きる者たちは、揉めるとどういうことになるかよく知っているのだ。

私は申込用紙と身分証明書としてパスポートを提出した。アメリカの運転免許証も持っていたが、外国からきたことをアピールしたほうが丁寧に扱ってくれると考えた。受付のある建物から出て一〇メートルほどまっすぐ進むと、別の建物があり、玄関を入って左側にあるエレベーターで二階に上がる。エレベーターを出て右にまっすぐ進むと、そこが面会室だった。

指定されたテーブルに担当者を背にするように座り、デイビッドが現れるのを待った。知名度の高い受刑者が面会室に現れるのは、決まって最後である。三〇分ほど待ったところで、丸々としたタヌキのような男が私のほうにやってきた。

彼こそがデイビッド・バーコヴィッツである。

好印象の仮面の裏側

デイビッドは、私と同じくらいの身長で、ニコニコとした笑顔が印象的だった。見た目だけではとても凶悪犯には見えなかった。一般人となんら変わらない雰囲気であり、私がこれまでに会ったすべての人間の中でも、好印象だけではトップクラスだった。もし彼のようなセールスマンがいたら、必要なものでなくても思わず買ってしまいそうである。

「何度もやり取りしてるから、初めてとは思えないね」とあいさつすると、デイビッドは「ホント、そうだよね」と答えてくれた。軽く雑談をしているうちに、彼の喉の左側にケロイド状の二〇センチほどの大きな傷があることに気づいた。素人でも、刃物で深く切りつけられた痕だとわかるほどだった。

私「それ、どうしたの？」

デイビッド「まだ刑務所に入ったばかりのときに、運動場でうしろからナイフでやられたんだ。きっと僕をやることで名前を売ろうとしたんだろうね。今では反省してくれているといいんだけど……」

今回の面会の目的は、デイビッドが本当にキリスト教を信仰しているのか、その信仰は本物なのか、を確認することだった。様子を窺いながら、私は本題に入っていった。

私「どういう経緯で神に目覚めたの？」

デイビッド「逮捕後、正しく生きることができないでいる自分に、強い自己嫌悪を感じてね。自分なんか生きてる価値があるのかと精神的に不安定な時期が続いて、自殺も考えたんだ。そんなとき、いつも舎房内に置いてあった聖書になんとなく目がいってね。ほかにやることもなかったから試しに読んでみたんだ。たまたま開いたページに『たとえどんなひどいことをした者でもイエス様が自分の命と引き換えにその罪を被ってくれたのだから必ずやり直せる』と書いてあるのを読んで、なぜかわからないけど、それまで一人で突っ張って生きることで抑えてきた自分の弱さが、涙と一緒にまるでダムが決壊するように溢れ出てきてね。その瞬間から自分の心がすごく楽になるのを感じたんだ」

その経験のあと、彼は自分がキリスト教徒であると公言して受刑生活を送るようになった。今では所内のキリスト教のミサのアシスタントをするまでになり、所内でも彼が敬虔なクリスチャンであることが浸透し、「あの Son of Sam（サムの息子）が今では Son of

God（神の息子）になった」と、さまざまな媒体で紹介されており、インタビューに訪れるメディアも少なくないという。

また、最愛の養母を一四歳で亡くしてから自暴自棄になったという彼の話は、ある程度信憑性があるように思われた。そのため、もっと彼の幼いころの話を聞く必要性を感じた。

私「子どものころはどんな感じだったの？」

デイビッド「幼いころは、顔や性格が両親とまったく似ていないし、体も近所の子に比べてかなり大きかったから、ずっと自分がどこにも属していないって意識が強かったね」

生まれて二週間で養子に出されたデイビッドは、七歳のとき、養父母から彼が養子であることを告げられ、実の母親は彼を産んだあと、デイビッドの命と引き換えに死んだという嘘を吹き込んだ。そのため、妻を殺され怒り狂った実の父親が、自分を殺しにくるのではないかという悪夢に毎晩のようにうなされていたという。

私とやり取りをした手紙に、彼は「子どものころ、自分は社会に溶け込めないように感じていた。だからよくベッドの下や物置の中に長い時間閉じこもっていた。暗い闇に引き込まれていたんだ」と書いていた。

私「刑務所に長くいると、何が一番つらい？」

デイビッド「好きなときに好きなところにいけないことかな。昔から思い立ったら、すぐに出かけていたからね。もし今刑務所にいなければ、日本にいってアイヌ民族に布教活動をしたいね」

終了時間の三〇分ほど前になると、看守が部屋に入ってきた。デイビッドは看守に「日本の友人が帰るとき、僕がまえがきを書いた新しい聖書を渡してほしい」と頼んだ。看守が快諾すると、デイビッドはにっこりと笑い返した。

面会時間が終了し、「そろそろ時間みたいだ」と告げると、デイビッドは突然「僕と会ったこと、大学の講義で学生たちに話すの？」と聞いてきた。私が「当然だよ。学生たちのアメリカへの関心が高まるかもしれないしね」と答えると、彼はこれ以上ない嬉しそうな笑顔を見せた。

別れのあいさつをすると、彼は「もうこれで僕らは親友だから、こっちにきたときはいつでも寄ってよ。僕はいつでもここにいるから」と終身刑の自分の立場をほのめかして笑顔で見送ってくれた。

幼少時代の孤独を埋め合わせるための殺人

デイビッド・バーコヴィッツは、臨界期（〇〜三歳）のころにコントロール傾向の強い里親（特に母親）から過剰な介入という強い圧力をかけられて育った。このことは、母親と死に別れたという嘘を吹き込むことで、自分のほうを向かせようとする養母の姿勢からも窺うことができる。それは、動物や昆虫を虐待しなければ心のバランスが取れないほどのストレスであり、その反動もあって病的な嘘をつくようになった。

また、体が一回り大きく小太りで醜い自分に対し、決して女性から好かれないという強いコンプレックスを抱えていた。

連続幼女誘拐殺人事件で四人の女児を殺害し、今田勇子《いまだゆうこ》という偽名で被害者の親に手紙を送りつけた宮崎勤《みやざきつとむ》も、幼稚園のときから手の奇形を女の子たちにバカにされ、「病的な劣等コンプレックス」を抱いていた。ただし、家庭内にコミュニケーションがあれば、宮崎勤は連続殺人犯にまでならなかった可能性もなくはない。コンプレックスは抱えるだろうが、コミュニケーションができれば怒りを発散することができるからだ。宮崎勤の場合、親は地元の名士で忙しかったためにほとんど会話がなく、いつも祖父に預けられていた。その心の拠りどころである祖父が他界したことで、宮崎勤は攻撃性を内に溜め込むようになってしまったのだ。

話をデイビッドに戻すと、彼は若い女性を殺害しているにもかかわらず、性的暴行は一度も犯していない。その理由は、男性としての自分を完全に否定されたことで、女性に対する憎悪が相当深くまで植えつけられていたためであろう。彼が性行為をしたのは韓国で娼婦を買ったときのみであり、その際に性病をうつされたことは、養母の攻撃性や外見からくる自らのコンプレックスと相まって女性に対する彼の憎悪を決定的なものにしたに違いない。そして、こうした憎悪は、不倫で自分のことを産んだ実の母親に対する怒りと融合し、彼は、若い女性だけでなく、深夜に車の中でイチャついているカップルをも狙うようになったと考えることもできる。

また、生みの母親が自分と引き換えに死んだという思いから「自分は悪魔のような子だ」と思い込み、ＬＳＤなどの薬物使用の影響も受け、こうした歪んだ考えは彼の中でさらに現実に近いものになっていったのではないだろうか。

二〇〇〇回も放火をしたという供述から、彼には「人にふり向いてほしい」という願望が病的なほどに強かったのは間違いない。日本の大学教授がはるばる飛行機に乗って自分に会いにきてくれたこと、帰り際に「自分のことを学生たちに話す」ことが確認できて嬉しそうにしていたこと、そして「Son of Sam（サムの息子）」から「Son of God（神の息子）」に自分のアイデンティティを切り替えることで正当なかたちで世間からの注目を浴びていることを総合的に解釈すると、デイビッドは本当の意味でキリスト教に帰依しているのではなく、いまだに子ども時代の究極の孤独を埋め合わせるために人々の注目を集める、という行為を違うかたちで継続しているものと見てまず間違いない。

幼いころの「自分は悪魔の子どもだ」という自己否定が心の中で怒りへと変わり、子ども時代は昆虫や動物の虐待というかたちで表出し、ついには人を傷つけずにはいられなくなった。劇場型連続殺人で有名なゾディアックキラー同様、この「他者を殺害する快感」は、次第に「他者の注目を集める快感」へと移行していったに違いない。そして、この注目を集める願望はいまだに彼の中で継続しているのだ。

プロファイル12
ケネス・ビアンキ
——従兄との連続殺人コンビのフォロワー

ケネス・ビアンキの家庭内力学

養子家庭・
気性の激しい母親による
過剰介入

従兄に従い、カリフォルニアで
警官を装い**複数の女性を殺害**して
丘の斜面に遺棄。
のちに、ワシントン州で
単独で2名を殺害

二〇一四年二月、私はシアトル・タコマ国際空港に降り立った。空港でレンタカーを借りて、ワシントン州立刑務所に向かう。

会いにいくのは、ケネス・ビアンキ、「ヒルサイド・ストラングラー（丘の絞殺魔）」と呼ばれた男だ。一九七七年から一九七九年にかけて、従兄のアンジェロ・ブオーノと共謀してロサンジェルスで一〇名、単独犯としてワシントン州で二名、合計一二名の女性を殺害した。

被害者は全員が女性で、私服警官になりすまして女性に近づき、自宅に連れ込んでレイプしたのち、毒注射や電気ショック、一酸化炭素中毒など、人の命を弄《もてあそ》ぶような実験的な拷問を行ったあと、最終的に首を絞めて殺害した。ロサンジェルスでの死体は丘の中腹に投げ捨てられるように遺棄されていた（ヒルサイドの名前はここに由来している）。

事件から四〇年以上経った今でも、ケネスは「無罪」を訴えている。連続殺人犯の中には、明確な証拠が存在し、司法取引で自らも有罪を認めて刑が確定しているにもかかわらず、あとになって無罪を主張し続ける者が多数存在する。ケネスもその一人だった。

ケネスが嘘をついているのか、それとも冤罪なのか、それを確かめるために、私は彼と面会することにした。子どもにいたずらをする大人を最終的に見破るのは、子どもたちが「この人、どこかおかしい」と感じる「第六感」だといわれる。この考えに基づき、私は手紙のやり取りを超えた「何か」を感じ取りたかった。

面会しないとわからない本物の狂気

ワシントン州立刑務所は想像したよりもこぢんまりとしていた。面接担当の刑務官はとても親切で、アットホームな対応だった（あくまでもほかの刑務所よりは、という意味だが）。身体検査と金属探知機を通過して、面会室に向かう。面会室は丸テーブルが一〇個ほど並べられていて、殺風景ではあったが、ちょっとしたカフェのようでもあった。

平日ということもあり、面会室には私と年配女性の二人しかいなかった。彼女は夫の面会にきているようだった。

待つこと一〇分、右手のドアから一人の男が伏し目がちに入ってきた。ネットで見た写真よりも歳を取っていたが、間違いなくケネス・ビアンキだった。背は想像していたよりも低く、私と同じくらいで一七〇センチほどだろうか。私はケネスに手をふって、「はい、ケン！」と呼びかけた（私の名前もケンなので、互いにそう呼び合っていた）。

ケネスは「やあどうも。手紙に今日か明日面会にくるって書いてあったから、どっちかなって思ってたんだ」と答えた。ニコニコとしていたが、目は笑っていない。銀縁メガネの向こうにある目にはどことなく「冷たいもの」を感じた。
私はケネスに何を食べたいか尋ねた。面会室には自動販売機が置かれていて、面会者が購入して受刑者に与えることが許されている。しかし受刑者自身が自動販売機に触れることは許可されていない。
彼の要望に応えてレンジで温めたピザとソーダを持って席につく。途中で警察に捕まったなどと道中の話をしたあと、徐々に聞きたかったことに切り込んでいく寸法だった。

私「手紙に書いてあったけど、ワシントンで二人の女子大生が殺された事件では、何かいき違いがあったらしいね?」

ケネス「そうなんだ。事件のとき、本当はある会議に出席することになっていたんだけど、ひどい風邪で家で休んでいたんだ。で、その日の深夜二時ごろだったかな、社長から電話があって、『お前、会議に出席したのか』と聞かれた。正直に『出席しなかった』っていえばよかったんだけど、早く眠りたかったから、思わず『イエス』って答えちゃったんだ。その発言が捜査の流れを大きく変えちゃってね。今思うと、なんであのとき本当のことをいわなかったのかって悔やむけど、あとの祭りだよ」

私「なるほど。彼女たちと面識はあったの?」

ケネス「カレンのほうは同じ場所で働いていたから知っていたよ。でもそれだけさ。会社にカレンの電話番号の問い合わせがあったっていうけど、僕はもともと知っていたからね」

私の問いに対して、ケンの説明は完結しており、何も疑わしいところはなかった。

一九七九年一月一一日深夜、ワシントン州のカナダに隣接したベリンハムという小さな街で、カレン・マンディックとダイアン・ワイルダーの二人の女子大生が殺害された。翌日の一月一二日、カレンが運転していたマーキュリーの中から二人の遺体が見つかった。二人の遺体はきちんと衣服を着ていたが、二人とも性的暴行を受けており、首を絞められた痕が残されていた。

ケネス・ビアンキが殺人容疑で逮捕されたあと、殺人現場となった高級住宅街にある留守宅の地下室に降りる階段でケネスの陰毛が発見された。また、被害者の二人の下着からは彼の精液が検出された。

しかし、ケネスは事件への関与を完全に否定した。カレンという女性など知らないとも供述したが、のちにケネスはカレンがアルバイトをしていたデパートの警備を担当したときに知り合いになったことが判明した。

私は、別の角度からアプローチしようと、話題を変えることにした。

私「刑務所の暮らしってどう？　やっぱり危険なの？」

ケネス「一番危険なのは西ユニットだね。そこは凶悪な殺傷トラブルなんかも多いよ。僕がいるユニットは、たまに喧嘩がある程度だよ。ここでは気に入らない人間を避けられないから、いざこざに巻き込まれないように、静観しているのが一番なんだ」

私「刑務所では毎日、何をしているの？」

ケネス「決まったルーティーンをこなす退屈な日々さ。トランプしたり、テレビを見たり、パソコンブースでメールしたり、ほかの人間と話をしたり……。月曜から金曜まではジムや庭にもいけるよ。毎日三回の食事とシャワー、一日に二回、氷ももらえる。図書館、医者、カウンセラー、教会とかは予約制で、順番がきたら呼び出されるんだ。例えば、明日は午前七時過ぎに朝食、九時過ぎにシャワー、一一時過ぎに二〇分くらいのランチ……、夕食は五時過ぎかな。夕食が終わると各自が房に戻って、翌朝まで出られない」

私「まわりの受刑者ってどんな感じ？」

ケネス「外で待ってる人間がいる奴はたいていい真面目だよ。そういう奴は釈放されたら、戻ってくる可能性は低い」

私「これまで危ない経験をしたことってある？」

ケネス「この刑務所は比較的平和だと思うけど、それでも受刑者同士が交わる場所で安全なところなんかないよ。実際に僕も何度も危険な思いをしているしね。だから、表面的な話をする人間は何人かいても、刑務所に友だちと呼べるような人間は一人もいないよ」

私「有罪じゃないのに、こんな生活が四〇年近くも続いているんだね？」

ケネス「もし最初の段階でいい弁護士がついて、催眠術をかけた状態での取り調べを拒否してくれてたら、僕は有罪になんかなってないだろうね。でも、実際には『容疑を認めなければ、当局は別件逮捕ではるかにきつい刑を科すぞ』って僕を脅したんだ」

もっと踏み込んで質問したいと思ったが、決められた面会時間は早くも終了しようとしていた。論理的に無罪を主張し続けるケネスを前に、本当にやったかどうかの確証はついに得られなかった。

ケネスは、「今回ははるばる日本からきてくれてありがとう」といって、別れの握手をしてきた。握手した瞬間、私はその握力の強さに衝撃を覚えた。かなり小さな手だが、尋常ではない握力だった。私は瞬間的に「こいつはこの握力で女性たちの首を絞めたんだ」と確信した。

彼がドアの向こうに消えていくのを確認したあと、私はまだ面会中の先の夫婦に軽くあいさつをして車に乗り込み、もときた道を空港に向かった。「やっぱりいざというときは、直接会わなきゃだめだな」と私はつくづく感じた。

過剰に介入する母親の影響力

ケネス・ビアンキは、一九五一年五月二二日にニューヨーク州のロチェスターで、一七歳の娼婦の子として生まれた。生みの母には子どもを育てるだけの余裕がなく、ケネスはすぐに養子に出される。

生後三カ月でケネスを引き取ったのは、イタリア系アメリカ人のフランセス・ビアンキという女性だった。養母のフランセスは、過剰に介入する傾向があった。先のデイビッド・バーコヴィッツでも触れたとおり、養子の場合、子どもがほしいという母親の強い願望から、過剰に介入するケースが多い。結果、ビアンキは三歳で「不眠」と「夜尿症」に悩まされ、五歳のときには「白昼夢」を見るようになり、医師から「このままではいけない」と注意されるほどだった。

学校では頭が悪いわけではなかったが、集中力がなく怠け者だったため、成績は悪く、仮病で休むことも多々あった。

ギリシャ系・イタリア系の女性は気性が激しいことで知られる。もちろんすべてのイタリア人にいえることではないが、母親のフランセスは気の強い性格だったようだ。ケネスの教育費を稼がせるために夫を過度に働かせ、そのためか、ケネスが一三歳のときに養父は過労死している。

養父が亡くなったあと、ケネスは母親一人に育てられた。頻繁に嘘をつき、盗癖もあったが、愛想がよくてハンサムだったため、ケネスは女の子から人気があったようだ。一八歳のときには、一回目の結婚をしている。すぐに離婚することになったが、その後もケネスは女性に不自由していなかったようで、二股がばれて婚約を破棄されたというエピソードもあるくらいだ。

ケネスの夢は警察官になることだった。アメリカでは警察官は「権力の象徴」であるため、自己否定されて生きてきた連続殺人犯になるような者たちの中には、警察官を志願する者が多い。しかし、残念ながら合格できる人は稀で、ケネスも警察官になれずに、しばしば「おもちゃの警官（TOY COP）」と揶揄《やゆ》される警備員の職に就いた。連続殺人犯には、ケネスのように警備員になったり、偽の警察官を装ったりする者も多い。

ロチェスターで警備員をしていたとき、仕事は真面目にしていたようだが、「盗癖」は直っておらず、ケネスはそのことが原因で職場を転々としていた。

そんな中、一九七六年、二五歳のとき、ケネスはカリフォルニアに移住し、養母の姉の家に一時的に居候させてもらった。ここで出会ったのが、従兄のアンジェロ・ブオーノである。

アンジェロ・ブオーノは一九三四年一〇月五日に、ケネスと同じようにニューヨーク州のロチェスターで生まれた。ケネス同様、祖父母はイタリアの移民であり、両親はアンジェロが五歳のときに離婚し、アンジェロは一〇歳の姉とともに母親のジェニーについてロサンジェルスに移住していた。

ケネスは一七歳も年上の従兄アンジェロをまるで兄のように慕った。気の強い母親の影響か、内気な性格だったケネスは、アンジェロの暴力的な攻撃性に惹かれたのである。アンジェロは「イタリアの種馬」という異名を持つほど精力旺盛な男だった。自分の家に一〇代の女性を連れ込み、オーラルセックスを強要させるブルーノの性暴力を見て、ケネスの中で眠っていた狂気が目覚めていった。

一九七七年一〇月一七日、ロサンジェルス郊外にある丘の斜面で、女性の遺体が発見された。被害者はハリウッドで娼婦をしている黒人の女性だった。翌月には、合計八人の女性の遺体が、やはり丘の中腹に投げ捨てられていた。一二月に一人、翌年の二月にもう一人が犠牲になり、合計一〇人の女性が殺害された。

被害女性は娼婦以外にも、女優やダンサー志望、美術の専門学校生や、ビジネススクールの学生もいた。最年少は一二歳で、まだ小学生だった。

被害者の多くが経済的に裕福な地域で誘拐されたこともあり、連日のようにマスコミは「ヒルサイド・ストラングラー（丘の絞殺魔）」と名づけて報道し、ロサンジェルスは恐怖の渦に包まれた。

このヒルサイド・ストラングラーの正体こそが、アンジェロ・ブオーノとケネス・ビアンキである。

二人組の犯罪者の場合、必ずどちらかが「主導権」を持つ。この二人の場合、内気なケネスは年上のアンジェロに従った。両親が離婚したとき、母親についていったアンジェロだったが、幼いころから母親に対する憎悪を抱いていた。大人になるにつれ、憎悪はすべての女性に対する「根深い憎しみ」へと変貌していった。

アンジェロに殺人の快感を教えてもらったケネスは、その後、ワシントン州に逃げたが、そこでも殺人の快感を忘れられず、自分一人で先に挙げた女性二名を殺害する。しかし、このワシントンでの殺人容疑でケネスが逮捕されたことで、ロサンジェルスでの連続殺人事件も解決に向かうことになる。

多重人格者を演じる連続殺人犯

逮捕されたケネス・ビアンキは、一貫して無罪を主張し続けた。彼の無実を訴える必死さ、そして殺人容疑をかけられて怯える姿、自殺をほのめかす様子、はたまた彼の誠実でやさしそうに見える人間性などを鑑みて、ケネスの弁護人は、彼が殺人犯ではないのではないか、もしくは「多重人格（＝解離性同一性障害）」ではないか、という疑念を抱くまでになっていた。

そのため、この弁護士の提案により、ケネスは精神鑑定を受けることになった。多重人格および催眠テストの専門家によって、彼はすぐにトランス状態に入っていった。すると、普段よりも低い声で「俺はスティーブだ」と名乗る別の凶暴な人格が現れた。

スティーブは、「そうさ、俺がやったのさ」といい、実行犯しか知り得ない事件の詳細についても語った。複数の鑑定医は彼の演技に騙されたが、結果的に、ペンシルベニア大学のマーティン・T・オーン博士によって、それが演技であることが見破られた。

もしケネスが多重人格者と確定したら、数年ほど精神病院に入るだけで、殺人の責任から逃れられる。こうした理由で、凶悪犯の多くは、積極的に刑務所が提供するさまざまなカウンセリングを受けて、自分の鑑定に利用できる心理的なテクニックを学ぼうとする。

スティーブの人格はケネスによる演技であることを証明するため、オーン博士も芝居をすることにした。「多重人格者は、通常は二つ以上の人格を持つ」とケネスに嘘をついたのだ。すると、次の精神鑑定のとき、怯えた子どもを装った「ビリー」と名乗る別の人格が登場したのである。

無罪を主張し続ける連続殺人犯

私がコンタクトを取ったとき、ケネスは大学教授である私を味方につけておいて損はないと踏んだようだった。そのため、最初から「実は俺はやってないんだ」の一点張りだった。こうした場合、私は「そうなんだ」と信じる態度を取りつつ、どこかでボロを出さないか注視するようにしている。

ケネスだけでなく、多くの連続殺人犯が最後まで無罪を主張するケースがあるが、彼らの無罪主張の手口は、ほぼ共通している。これまでにも何度か触れたように、①担当警察官の悪評、②犯行の実行が不可能だったことを示す非常に細かなテクニカルな問題点の指摘、この二つに不自然なまでにこだわるのだ。

ケネスの場合、発覚の発端となったワシントンでの二名の殺害が、物理的にいかに無理であったかの説得に終始した。

彼の言い分を簡単にいえば、二人の女性が殺害された一九七九年一月一一日深夜は、風邪を引いて家で寝ていたため、当時警備会社に保管されていた殺害に利用された物件の鍵は自分の手元にはなかった、というものだった。当時犯行現場となった物件はケネスが勤めていた会社が警備を請け負っており、会社に鍵が保管されていたのだ。また、家主はヨーロッパ旅行中で、二人の女性はケネスの口利きで留守番のアルバイト（しかも高額）を頼まれていた。留守番中の二人は深夜に殺害されたわけだが、先のケネスとの会話でもわかるように、彼は当日風邪のため自宅で寝込んでいたと主張しているわけである。

さらにケネスは、ロサンジェルスの事件の担当警察官が以前にも不当逮捕の前歴があることを強調していた。

そこだけを聞いていると、彼の言い分が間違っていないようにも思える。しかし、社会病理を専門としている私はいつも、物事は単体ではなく、必ずその人物の「行動パターン（＝ペルソナ）」から判断するようにしている。

ケネスは心理鑑定の際に多重人格を演じたわけだが、この件について尋ねると、「あいつらは、あらかじめ精神鑑定の前に、取り調べで事件の詳細情報を俺の頭に吹き込んでから催眠術をかけるんだ。催眠状態のときに、そうしたことをしゃべって当然だよ」とすでに完璧な理由をつくり上げていた。

しかし、明らかにどこか怪しい。たしかに彼のいっていることには一点の曇りもないようにも受け取れるが、確信が持てない。しかもケネスは、一九八〇年に受刑中にできたベロニカ・コンプトンというガールフレンドに、見ず知らずの女性を殺害させ、あらかじめ用意しておいた自分の精子を被害者の体内に仕込むように指示した。きっと自分の勾留中に同じ事件が起きれば、ヒルサイド・ストラングラーは別に存在することになると考えたのだろう。この前代未聞の小細工は、殺人未遂で終わり、ベロニカは有罪となって実刑を受けている。

養母による過剰な介入

ケネスは三歳のころから、不眠、夜尿、白昼夢を見るといった症状を抱えていた。自分の子どもを授かることができなかった養母の「過剰な介入」は、ケネスにとっては大きな「圧力」になっていたのだろう。過剰な介入下に置かれたケネスは、そのストレスから正常な感情を発達させることができず、また母親に象徴される「女性全体」に対し、無意識の「怒り」を抱えるようになっていったものと考えられる。

ケネスの養母とアンジェロ・ブオーノの母は姉妹だった。イタリア系アメリカ人女性にありがちだが、この姉妹は二人とも気性の荒い性格で、子どもに対して過剰に介入する傾向があったとしても不思議ではない。

にもかかわらず、ケネスはいまだに養母は自分のことを愛してくれた素晴らしい女性だと断言している。一般に、ネグレクトされた子どもは親のことを悪くいう一方で、虐待された子どもは歪んだかたちであっても自分に関わってくれた親に感謝する傾向がある。

連続殺人犯の中には、母親の前であまりに理想的な子どもを演じたがために攻撃性を出せないまま大人になり、親から独立したのち、その攻撃性を性欲と融合させて殺人というかたちで定期的に排出するタイプは少なくない。おそらく、ケネスもこのタイプではないかと考えられる。

私の手に残る不自然な握力の感触は、ケネスと「ヒルサイド・ストラングラー」を決定的に結びつけた。

ケネスとアンジェロは、裁判では互いに罪を擦りつけ合った挙句、最終的には有罪を認め、終身刑を受けた。アンジェロは二〇〇二年九月二一日に心臓発作で獄死したが、ケネスは現在も無罪を訴えながら健康に暮らしている。

デイビッド・バーコヴィッツもケネス・ビアンキも生まれてすぐに養子に出された。本文でも述べたが、養子の場合、自分の子どもがほしい願望から一方的な期待ばかりを膨らませ、その期待に沿うよう過剰なほどに介入してしまいやすいのである。

デイビッドの養母にとって、子どもは自分の所有物であり、自分のステイタスやプライドを保つためのアクセサリーでしかなかった。デイビッドが泥だらけで帰ってくると烈火の如く怒り、潔癖症のごとく、何回もシャワーで洗ったという。自分の思いどおりの子、理想的な子にするため、あらゆることに介入しないと気がすまないのである。

デイビッドの場合、警察に挑戦状を送ったり、新聞社に手紙を出したりしたことは、承認欲求の表れでもある。本章の最初に紹介した神戸連続児童殺傷事件の酒鬼薔薇聖斗も神戸新聞社に犯行声明文を送っていた。

ケネスも養母から過剰な介入を受けた。養父が過労で亡くなったことからも、養母の気の強さは想像に絶するものだったことが窺える。精神的なストレスを抱えていることで、子どもが夜尿症になる場合がある。ケネスは、母親に対する恐怖心によって、おもらしをしてしまったのである。

子どものころからケネスは病的な嘘をつき、たびたび白昼夢を見ていたことからも、母親の介入が執拗であり、それから逃げることが生き延びるために必要だったと考えられる。

白昼夢や夜尿症、動物の虐待は、攻撃性を自分の内側に溜め込んでいる症状である。白昼夢とは、ストレスの高い状況から目が覚めている状態で、自分の安らげる非現実的な空想へと逃避することだ。つまり、現実逃避の一種である。

連続殺人犯の多くは、幼いときから家庭内という逃れることのできない密室で「不自然な圧力」下に置かれ、嘘をつくこと以外にその圧力を避けることができない状況で生活しなければならない背景を持つ。その際、逃げ場や話し相手のいない密閉された状態に置かれた者がI型サイコパスになり、圧力下に置かれながらも家の中に閉じ込められず、ほかにコミュニケーションを取れる相手がいる場合にはII型サイコパスになる。

親の圧力によって内に溜め込んだ攻撃性は、定期的に外部に排出させないと生きていけないのだが、この攻撃性は心理的に絶対的な力の差がある親に向かうことはない。そのため、連続殺人にしても大量殺人にしても、その怒りは必ず自分よりも弱い対象に向けて排出されることになる。

鬱積したものを抱え続けるのは、心理的虐待を受けた子の特徴でもある。デイビッドとケネス、そして酒鬼薔薇聖斗のどの母親にも共通するのは、子どもを心理的に支配するタイプだったということである。

第6章

過剰な期待

日本における要注意指数＝

日本社会に「家」という伝統が深く浸透し、資本主義によりほかの家庭との比較競争心理がより強まる中、進学・スポーツ・芸能などのさまざまな分野において、親が子どもを自分たちの競争の道具に使う傾向はますます強まるものと考えられる。

あわせて、医師・政治家・地元名士などの家柄の家庭では、自分たちが築いたものを子どもに継がせるため、また、両親（特に母親）が学歴コンプレックスを抱えている家庭では、自身がかなえられなかった夢を子どもに背負わせるため、子どもに過剰な期待をかけるといったケースはこれからも増加することが予想される。

エゴの強い親の過剰な期待により
心理的にコントロールされた子どもは、
社会性を失い、社会全体に復讐するようになる。

二〇一九年六月一日、東京都練馬区の自宅で熊澤英一郎《くまざわえいいちろう》（四四歳）は、父親の熊澤英昭《ひであき》（七六歳）に殺害された。熊澤英昭は、元農林水産事務次官を務めたエリートだった。

事件当日、隣の小学校では運動会が開かれていた。英一郎は「うるせえな、ぶっ殺すぞ」といい放ち、父親を睨みつけた。父親の英昭と母親は互いの顔を見合って、決意を確認した。二人は以前から英一郎の家庭内暴力に悩まされており、父親は「殺害しか方法がない」という内容の手紙を妻に渡し、犯行の意思を伝えていた。

その後、父親の英昭は、包丁で英一郎をめった刺しにして殺害している。数日前に起きた川崎市登戸通り魔事件に触発され、「自分の息子も同じようなことをするのではないか」「息子はいずれ人を殺すようになるのではないか」と危惧して殺害したと供述した。

首のあたりを三六カ所も刺したことから、息子に対する殺意は相当なものだったことが窺える。英一郎から激しい暴力を受けていただけではない。英一郎には妹がいたのだが、婚約者に英一郎がいやがらせをして、何度も婚約が破棄されたうえで、数年前に妹は自殺していた。

人に迷惑をかけてはいけないという表向きの理由の裏には、息子に対する強い憎しみがあったのは間違いなさそうだ。すべての殺人は私怨だからである。

今回は殺害した父親の英昭ではなく、殺害された息子である英一郎の家庭環境を見ていく。

英一郎は、優秀な父親と名家の令嬢だった母親のもとに生まれた。小学生のころは、成績は優秀だったようだ。ただ、アスペルガー症候群を抱えていたため、まわりの友だちとはうまくいかず、小学生のころからずっといじめを受けていた。

中学生になると、母親を殴るようになった。母親は異常なほど教育熱心で、英一郎の成績が悪いと、大事にしていたおもちゃやプラモデルを壊すほど激怒したそうだ。よい成績を取っても、母親は褒めることはなかった。勉強ができるのは当たり前と考えていたのだろう。

母親にとって、息子を父親と同じ東京大学に入れることが最重要目標だったに違いない。それは、東大合格者を輩出している駒場東邦中学校に進学したこと、そして大人になってから父親に対して「お父さんはいいよね。東大を出てなんでも自由になって」と漏らしたことからもわかる。

「東大にいかないと意味がない」という思想が植えつけられたのは、子どもを自分の理想どおりに育てたいという親のエゴであり、心理的ネグレクトといえる。

英一郎は、実際には人を殺すことなく、実の父親に殺されてしまったが、言葉の端々に殺人者になる可能性を秘めていた。母親のことを愚母と罵り、中学生のときからずっと暴力をふるっていた。自身のSNSでは、母親を殺したいと何度も投稿していた。

事件が起きた数日前に、英一郎は一人暮らしをしていた親の持ち家から実家に戻っている。そのとき、父親に対して壮絶な暴力をふるった。殴る蹴るだけでなく、父親の髪の毛をつかんでテーブルに打ちつけ、逃げる父親を追いかけて、玄関のドアに叩きつけたという。

それより以前にこういうこともあった。父親の口利きで病院に勤めていたのだが、上司とうまくいかず、ほとんど仕事をせずに辞めている。根に持った英一郎は「上司を殺しにいく」と病院に通告。連絡を受けた父親は、息子のもとに飛んでいき説得した。そのとき、英一郎はかばんの中に包丁を忍ばせていたという。

父親がいうとおり、殺人を犯すのは時間の問題だったのかもしれない。ただ、その責任の所在が彼ら自身にあることを忘れてはならない。

二〇二二年一月一五日、大学入学共通テストの日に東京大学の前で受験生の二人と七二歳の男性が刺された東京大学前刺傷事件。現行犯で逮捕された一七歳の少年も親の過剰な期待という心理的ネグレクトを受けて育った。

東京大学にいって医師になることを目指していたが、高校生になってから成績が伸びず、自暴自棄になった。母親は教育に熱心ではなかったという報道がされているが、四人の子どもをみな東大理Ⅲ（医学部）に入れたという母親による講演会に足繁く通っていたという。

「東大理Ⅲにいけなければ、切腹自殺しようと思った」という少年の言葉からも、心理的に抑圧されていたことは間違いない。

最後に紹介するセオドア・カジンスキーも親からの過剰な期待を背負っていた。ＩＱが非常に高かったこともあり、母親は自分たち家族の将来を息子に託してしまったのだ。その結果、カジンスキーはＦＢＩ史上、解決までに最も時間と資金がかかった事件を引き起こすことになった。

プロファイル13
セオドア・カジンスキー
――親の過剰期待＋感情ネグレクトによる社会性の完全否定

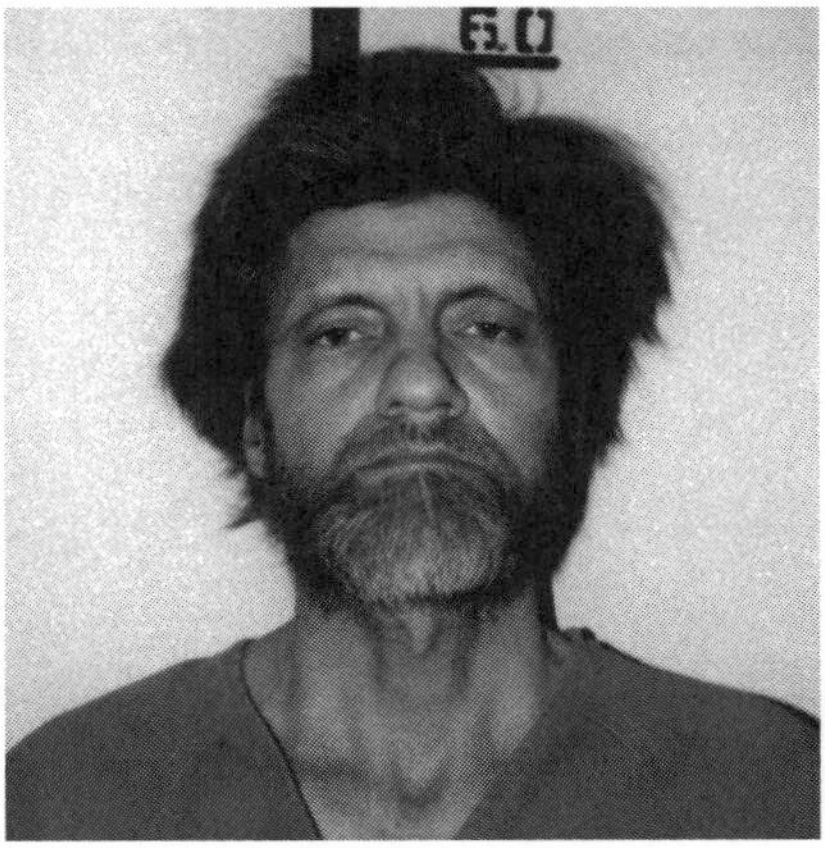

セオドア・カジンスキーの家庭内力学

移民二世の両親による
過剰期待＋感情のネグレクト
心理的虐待

人間文明が地球を破壊するとして、
その中心的役割である大学・航空会社を
標的に20年弱にわたり連続爆破。
最終的に医療刑務所で**自殺**

IQ167の天才数学者セオドア（＝テッド）・カジンスキー。名門カリフォルニア大学バークレー校の数学助教授に歴代最年少で就任したにもかかわらず、約一年半でアカデミックなキャリアを捨て、のちに「ユナボマー」と呼ばれる爆弾テロリストに変貌した男である。

一六回も起きた爆弾テロ事件

一九七八年五月二五日、ノースウェスタン大学のある教授が差出人とされる小包が駐車場で発見された。小包は差出人の教授のもとに戻されたが、彼はそのような荷物を出しておらず、不審物として警察に届け出た。開封したとたんに荷物は爆発し、警察官は左手を負傷した。一年後の一九七九年五月九日にも、ノースウェスタン大学に爆弾が届けられ、大学院生が軽傷を負った。

一九七九年一一月一五日には、アメリカン航空444便の貨物を積む格納庫に爆弾が仕かけられた。爆発は免れたが、白煙が立ち込め、飛行機は緊急着陸。航空機に爆弾を仕かける行為はテロ行為であるため、FBIが捜査に乗り出した。大学と航空会社を標的にされていることから、「University and Airlines Bomber」の頭文字をとって、UNABOM

ER（ユナボマー）というコードネームがつけられた。

一九八〇年六月一〇日、今度はユナイテッド航空の社長が狙われ、顔と体に大火傷を負った。その後も、一九八一年一〇月八日にユタ大学、一九八二年五月五日にヴァンダービルト大学、同年七月二日にカリフォルニア大学バークレー校と爆弾事件が続いた。

ここまでの爆弾事件では、幸いにも死者は出ずにすんでいた。しかし、一九八五年以降の事件では、爆弾が改良されたのか、殺傷力が高くなっていた。

一九八五年五月一五日にカリフォルニア大学バークレー校に送られた爆弾では大学生の右手の指が四本吹き飛び、左目の視力を失った。そして、同年一二月一一日、カリフォルニア州のサクラメントにあるパソコンショップで一人目の死亡者が出た。経営者の男性（三八歳）が駐車場に置かれていた木箱を開けると、爆発と同時に釘や金属片が飛び散り、帰らぬ人となった。

一九八七年二月二〇日には、ユタ州のソルトレイクシティにある同じくパソコンショップに爆弾が送り込まれた。その店舗の経営者は左腕に重傷を負ったが、一命は取り留めた。

少し年月が経過し、一九九三年六月二二日にカリフォルニア州のティブロンに住む遺伝学者のもとに爆弾が届き、三本の指と聴力を奪った。その二日後にはコネティカット州イェール大学の計算機科学者が狙われ、重度の火傷を負い、右目と右手を失った。

二人目の死亡者は、ニュージャージー州に住む広告代理店の役員だった。一九九四年一二月一〇日に彼の自宅に爆弾が届いたのだ。カジンスキーは、そのとき『ニューヨーク・タイムズ』紙に手紙を送っている。それによると、犠牲になった役員が勤めていた広告代理店が、原油流出事故を起こしたエクソンの悪いイメージを払拭するキャンペーンを展開したためだという。

そして一九九五年四月二四日、材木業界のロビー団体の理事長が三人目の犠牲者になった。

二〇年近くも逮捕されなかった

カジンスキーの爆弾には、捜査をかき乱すための偽の手がかりが巧みに残されていた。ある爆弾にはFCというイニシャルが書かれた金属プレートが組み込まれていた。のちにカジンスキーは、「Freedom Club（＝フリーダム・クラブ／自由を求める団体）」の略だったと説明している。

また、メモが残されていることもあれば、意味深な切手が使われていることもあった。

ＦＢＩ捜査官たちは、本の中に爆弾が埋め込まれていたときは、その小説に何かしらの手がかりがあると考え、さらには、狙われた被害者に関係する人物から犯人に迫ろうともした。

しかし、それらの手がかりによる犯人像をプロファイルで探しても、カジンスキーには辿り着けなかった。それもそのはず、手がかりの痕跡はすべて意図的なものであり、被害者は図書館の名簿からランダムに選ばれただけだったのだ。

捜査は難航し、FBI史上、最も時間と資金が投入された事件になった。逮捕につながる有力な情報に一〇〇万ドルの報奨金がかけられたほどだった。

一九九五年、カジンスキーは自らの論文（＝マニュフェスト）『Industrial Society and Its Future（産業社会とその未来）』を『ニューヨーク・タイムズ』紙と『ワシントン・ポスト』紙に送り、掲載すればテロ活動をやめると宣言した。

一九九五年九月一九日、この論文は両紙に掲載された。最終的には、文体や筆跡の癖に気づいた弟デイビッドの通報により、カジンスキーが容疑者に浮上した。

その後、カジンスキーのほかの手紙を入手したり、関係者に事情聴取したり、言語解析をしたりなど、入念な証拠を固めて、一九九六年四月三日にセオドア・カジンスキーは逮捕された。

カジンスキーには、司法取引に同意して罪を認める代わりに八回の終身刑が確定し、連邦刑務所としては最高セキュリティレベルのADXフローレンス刑務所（コロラド州）に収監された。二〇二一年一二月一四日、カジンスキーはノースカロライナ州にあるバトナー医療刑務所に移送されたが、移送の理由は明らかにされていない。そして、二〇二三年六月一〇日、同刑務所で死亡しているのが発見された。享年八一、自殺と見られている。

親の期待を背負った天才

セオドア・カジンスキー（通称テッド）は、一九四二年五月二二日にイリノイ州のシカゴで生を享けた。両親はポーランド系移民の二世で、ソーセージ工場で働いていた。

乳児期のテッドはじん麻疹がひどく、三カ月ほど隔離入院させられたことがあった。入院中は面会謝絶で、医師たちは治療のためとはいえ、テッドを理不尽に押さえつけた。テッドはもともと陽気でよく笑う子だったが、入院をきっかけに無口で無感情の引っ込み思案な子どもになってしまったという。

それでも、シカゴの小学校に入学したテッドは、まわりの友だちと仲よく学校生活を送るようになった。頭がよかったこともあり、みんなのリーダー的役割を担っていた。五年生のときにシカゴ郊外に引っ越し、知能テストでIQ１６７の高得点を出した。

これまでにも述べたが、移民系アメリカ人は自分たちの子どもに過剰な期待を寄せ、教育熱心になりやすい。テッドのような頭がよい子どもであれば、家族の期待をすべて背負わされても無理はない。そのため、同級生らとうまくやっていたテッドを、母親は六年生を飛び級させてしまう。しかし、彼は、一つ上の学年では、まわりの生徒となじめずに孤立し、いじめを受けてしまう。

一人で遊ぶことを好み、周囲から「老人」のように扱われ、状況的に追いつめられると固まってしまうところがあった。

高校時代のテッドは、ずば抜けた頭脳を発揮したが、クラスメートからは浮いた存在だった。そんなテッドは数学にハマるようになっていく。

一九五八年、テッドは奨学金を得て、一六歳でハーバード大学に合格した。しかし、大学生活を送る精神的な準備もできないままだったため、寮生活でもほかの寮生たちとの交流の仕方がわからず、極端に接触を避けるようになる。

ハーバード大学で数学の学位を取得すると、テッドは助成金をもらってミシガン大学の大学院に進学した。ティーチングアシスタント（ＴＡ）をしながら、数学（複素解析）の研究に打ち込んだ。

一九六七年にミシガン大学で博士号を取得。彼はミシガン大学で、その年で最も優れた数学の博士論文に送られる賞を受賞している。そのあとすぐ、二五歳という若さでカリフォルニア大学バークレー校の数学助教授になった。同校では最年少での数学助教授就任だった。

テッドは病的といってもいいほど周囲との交流を避けていたため、学生からの評判も悪く、同僚たちからも完全に孤立してしまう。結果、一九六九年六月、テッドは大学助教授を退職する。

大学を辞めたテッドは、いったんは実家に戻るが、二年後の一九七一年からモンタナ州のリンカーン郊外にある山小屋で生活を始めた。電気も水道も通っておらず、獲物を捕まえたり、食べられる草を探したりなど、原始的な生活を送った。誰にも邪魔されず、自然の中で平和に暮らしたかったのだろう。

しかし、彼の小屋のまわりにも産業化と工業化の波が押し寄せてきた。山が削られて道路が建設されるなど、自然が次々と破壊されていった。テッドは、そのような状況に耐えられず、社会学や政治哲学の本を読み漁った。その末に辿り着いたのが、前述の論文『産業社会とその未来』である。

そして、産業社会を打ち倒すためには、「社会改革」が必要ではあるが、それが不可能であることに絶望すると、次第に「暴力」に訴えるしかない、という思想に傾いていった。

すべての犯罪は「私怨」である

私はテッドのことを、同業者としてのリスペクトを込めてDr.カジンスキーと呼んでいた。犯罪者とはいえ、学術的な実績はテッドのほうがはるかに上である。彼の手紙はいつも手書きだったが、論文形式で書かれており、まったく無駄のない文章で、内容の正確さが際立っていた。私に読んでほしい書籍を紹介するときは、正式な論文出典の掲載方法に則って参考文献が記載されていた。

また、天才的な彼の思想は、過激な方法に走ってしまったが、その内容には共感する部分も多く、熱狂的なファンも多数存在した。彼のまわりには彼を慕うように大学の助教授や講師たちが取り巻き、テッドを中心とする「アカデミックな友人の輪」のようなものが存在していて、それが私にはとても興味深く映った。

犯罪者に共通する不動の鉄則がある。それは、「犯罪は必ず〝私怨〟に基づいて行われたあとに〝大義名分で正当化〟される」ということだ。

テッドの場合も例外ではない。テッドには、子どものころに一人でよく訪れていた丘があった。友だちのいなかった孤独な子ども時代、唯一心を癒やしてくれた秘密の場所であり、自分だけの丘だった。

ところが、社会の喧騒に疲れて再び訪れてみると、そこは大きな道路に変わり、無残にも丘が跡形もなく消失していた。この「怒り」こそが、テッドが引き起こした二〇年にもわたる連続爆破事件の中核なのである。

これまで自分を虐《しいた》げてきたすべての人間たちが自分の大切にしていた心の居場所までも破壊した……。テッドは、この二つを心の中で重ね合わせたのかもしれない。いずれにしても、彼の心はすでに復讐の「野獣」と化していた。

あちこちの「大学」や「航空会社」などに爆弾を送りつけるようになったのは、それらが彼の大切にしている自然を破壊している元凶と考えたからだ。

連邦刑務所に収容されている受刑者とは面会することができない。事件を起こす前からの知り合いであることを証明できないと会えないのだ。そのため、テッドとは手紙のやり取りだけだった。その手紙のやり取りの中では、彼は犯行そのものには触れようとはしなかった。たびたび、「このままだと地球の酸素がなくなってしまい、人工的な装置で酸素量を調整しなければならない時代がくる」「科学が進歩すれば、いずれ天気もコントロールできるようになる」といった理論が展開されていた（地球温暖化が私たちの生活を直接的に脅かしている今日、方向的には完全に的外れともいえないかもしれない）。

両親と弟に対する根深い「怒り」

テッドについて、もう一つ触れておくべきことがある。それは、両親と弟に抱いていた根深い「怒り」だ。

両親に対しては「自分の人生を台無しにした怒り」であり、弟に対してはおそらく「自分の二の舞を踏まないように家庭内で〝いい子ちゃん〟としてのポジションを取り続けた怒り」であろう。

子どもが大きな事件を起こした場合、よく「弟さんはちゃんとしているのに……」といった発言を耳にするが、家庭内に明らかに存在していた「否定できない圧力」が一人の子どもにしか影響しないはずがない。弟は、兄の失敗を見て「やってはいけないこと」を注意深く読み取り、親からの圧力を必死にかわしていたはずだ。彼が兄のことを警察に通報したのも、こうした子どものころから培った「いい子ちゃん心理」によるものである可能性が高い。

事実、凶悪犯のきょうだいたちのその後の人生を見ると、ドラッグに溺れたり、自殺していたり、別の種類の犯罪に手を染めたりなど、なんらかの精神的な歪みを抱えているケースが多い。テッドの弟デイビッド、彼がちょっと間違えば自分も兄と同じ道を辿っていたかもしれないと気づくことで、彼の兄への理解が深まっていることを望む。

またテッドは、自分が犯罪者になった原因を明確に理解しており、両親に宛てた手紙で「死んだらお前らの遺体に唾を吐きかけるのが待ち遠しくて堪らない」と書いている。両親はテッドが期待どおりの結果を出さないと、「お前はまるで二歳児と同じレベルだ」といった非情な言葉をかけ、テッドが気に入らないことをした際は徹底的に無視した。

母親から友だちと遊ぶこともやめさせられ、ただひたすら勉強だけをするように追い込まれた。食肉業で働く移民二世だった両親は、アメリカでの成功のすべてをテッドに託したともいえる。

何度も触れているが、生まれたばかりの乳児期は、生物学的に母子密着の時期である。その大切なときに、テッドはじん麻疹による入院で母親から引き離された。その後も友人との人間らしい交流を奪われ、ただ勉強だけに打ち込んだ。学校生活がうまくいき始めたにもかかわらず、再び母親のエゴから飛び級で一つ上の学年に上げられ、いじめを受けて孤立していった。

加えて、弟のデイビッドの誕生によって心理的に脆弱なテッドに注がれる愛情が激減した可能性も高い。

ネグレクトを受けた子どもの心には空白ができる。本来であれば、他者とのコミュニケーションで埋めていくべきところに別のものが入り込んでしまう。母親からの攻撃性をフルに受けてしまったテッドにとっては、最初それは数学であったが、のちに破壊的な思想へと移行した。悪魔信仰や宗教、オカルトなどにハマるのは、子どものころの愛情不足を補うためであることが多い。

両者がどこで分かれるかは、非常に難しい問題だ。一つはネグレクトの度合いが挙げられるだろう。テッドの場合、彼が勉強をしなければ、両親は笑いもしなかったという。テストの点数が一〇〇点満点中九八点だったりすると、機嫌が悪くなってテッドを無視するような家庭環境だった。

もう一つは、孤立のレベルが高いと攻撃性が高まるといわれている。ロシアのプーチン大統領の攻撃性が高いのは、社会主義化で究極の戦争体験をした両親が、そうしたことを一切口にせず、幼少期（特に臨界期）のプーチンが心理的な孤独に置かれたからであろう。孤立性が高まれば高まるほど、また、不自然な抑圧が強ければ強いほど、攻撃性は高まる。

攻撃性というのは「作用vs反作用」であるため、物理的にいうと、受けた攻撃性が大きければ大きいほど、その反発も強大になる。

テッドは、生まれてからずっと「条件つきの愛情」で行動をコントロールされ続けてきた。条件つきの愛情とは、自分の思いどおりのときだけの愛情であり、それは子どものためではなく、親のためなのである。最終的に彼が医療刑務所で自殺したことからも、彼の心理基盤がネグレクトによる自滅であったことが窺える。

過度に心理的な操作を受けたテッドは、社会的な人間として生きていくための「自我（＝しっかりとした自分）」を築くことができなかった。どれほど学業が優秀で最年少で数学助教授になっても、同僚と一緒に食事をすることもできず、学生たちとごく普通のやり取りもできなかった。そのため、講義にいくたび、学生たちからひどくからかわれ、自ら黙って大学を去っていった。のちに彼は、「毎回触るたびに火傷していれば、やがて触ろうとすらしなくなる」といった旨の言葉を残している。テッドが人里離れた山小屋で静かに暮らしたいと願った気持ちも理解できないではない。

爆発寸前になっていた怒りは、唯一心の拠りどころにしていた丘が破壊されたことをトリガーに、人間社会と人類文明に向けた復讐として動きだしたのではないだろうか。

注意すべき点は、丘の存在はあくまでもトリガーであるということだ。たとえ丘の存在がなかろうが、爆発寸前まで溜め込まれた怒りは何かのきっかけで爆発する運命にあったことは間違いない。

日本でも教育熱心な家庭は多い。ひと昔ほどではないが、学歴社会は確実に存在する。自身の学歴コンプレックスを子どもで払拭したい気持ちはわかるが、それが本当に子どものためなのか、自分のエゴのためなのか、もう一度しっかりと見つめ直してほしい。

本当に子どものためであれば、最終的に親は折れ、子どもが希望する進路や職業を応援するだろう。医師の息子として生まれたからといって、みな医師になりたいと思うわけではなく、みな理系であるわけでもない。「医者になりたくない」と息子から強く訴えられれば、何度かは説得するかもしれないが、最終的には受け入れるに違いない。それが親の子どもに対する愛情である。

二〇一八年三月に滋賀県で、三一歳の高崎《たかさき》あかりが母親を殺害した事件。高崎あかりは、医学部を目指していたが、九浪の末、地元の国立大学医学部の看護学科に入学した。母親は、子どもが生まれる前から「自分の子を医者にしよう」と思っていたようだ。その執着は尋常ではなく、娘の成績が下がると、包丁を持ち出したり、熱湯をかけて火傷を負わせたりしたという。高崎あかりは、国語は得意だったが、数学が苦手な典型的な文系だった。

医学部を不合格になった際も、母親は親戚に「合格した」と嘘をついた。その嘘をつき通すために、ますます厳しい態度で勉強させた。携帯電話を持つことも許さず、風呂に入るときも監視し、娘が家出をしたときは、探偵を雇って連れ戻したという。

母親にとって、娘は自分の願望を満たすための操り人形でしかなかったのだろう。ちなみに父親は長らく別居していたそうだが、きっと猟奇的な妻から距離を取らざるを得なかったに違いない。

親からの過剰な期待を背負った子どもは、いき過ぎた教育虐待によって心理的に歪められてしまう。秋葉原通り魔殺人事件の加藤智大《かとうともひろ》も、英会話講師であったリンゼイ・アン・ホーカーさんを殺害し逃亡を図った市橋達也《いちはしたつや》も、ある意味では、親の歪んだエゴによる教育虐待によって、その自我を異常なまでに歪められてしまった被害者ともいえる。親の過剰なエゴにより社会性を奪われてしまった者たちは、最終的には、その社会全体を憎むようになり、最終的には関係のない第三者を巻き込んだ拡大自爆に進むケースが少なくない。テッドの場合、二次的要因として母親の攻撃性が加わったため、二〇年近くにわたり連続殺人的な様相を見せたが、やはり最終的には医療刑務所内で自殺している。

親のエゴから自分の果たせなかった夢を押しつけられた子どもは、いかなる方向であれ、まるでそれが自分自身の願望であるかのように錯覚して、最後まで親の期待だとわからずにこの世を去っていく者も多い。

要は、それが最終的に、本当に子ども自身のためなのか、それとも親である自分のためなのかに尽きる。そして、親のエゴの押しつけが子どもの社会性までをも奪ってしまう場合、それは他者をも巻き込んだ凶悪犯罪へと発展することになるのだ。

おわりに

「凶悪犯罪」を研究していると、「どうしてこうしたテーマを研究しているんですか?」と聞かれることがある。

「世界や国内で正常とは思えないニュースばかりが占める今日、なぜこんな歪んだ世の中になってしまったのか、その答えを知りたかったから」ということになろうか。

例えば、受験指導において、東大・京大・早慶上智といった最難関の入試問題を分析しなければ、出題傾向の全体像を把握できないのと同じように、社会問題を理解するには、その上限である「究極の凶悪犯罪」を理解しなければならないと考えたのである。

まずアメリカの凶悪犯罪に焦点を当てたのも、はじめにで述べたように明らかに日本社会がアメリカ社会を模倣している現状にあって、アメリカで起きている問題を理解しておくことが日本社会の犯罪を理解する先取りになると判断したからである。

そして、過去まだ私が予備校英語講師時代に大学入試英語問題の解法をパターン分析して『阿部憲の英語長文読解正答法』（学研・絶版）を出版したように、凶悪犯罪を引き起こす要因をパターン分析した解法を作成し、社会に還元することで「真に安全・安心な社会」の確立に努めたいと考えたのである。

本書は、その過程で私が凶悪犯たちと直接重ねたやり取りをレポートすることで、より多くの方々に「社会問題の理解を深める入門書」を作成したいと考えたものである。

本書を読んでいただいた方は、おそらく私と彼らとの間にある種の「友人関係」が存在するように感じられたことだろう。それもそのはずだ。直接面会した者たちや電話で話した者たちも含め、私は一人ひとりと最低でも三年以上のやり取りを重ねているからである。

少なくとも私と接触するときの彼らは、一般の予想に反して、人を裏切ることのない、深い心の問題について語り合える「心の友」のように私には感じられた。

そのため、処刑や刑務所内での暴力、病気などで彼らが亡くなった際には、長年やり取りした思い出から、一抹の悲しさを禁じ得なかった。しかし、彼らの犯罪による被害者のことを考え、これも自然の摂理なのだと自分にいい聞かせてきた。

両親からの過剰な介入下に置かれ続け、幻覚性の高い薬物を摂取することで、そのストレスを暴発させたハーバート・マリン。彼は、偶然遭遇した一三名もの人間を殺害し、中には、死後に内臓を取り出して近くの木に引っかけるという奇行まで働いた。彼は、受刑後、両親とのコンタクトを完全に断ち、薬物が抜けることで正常な精神状態を取り戻した。私への手紙には、季節の変化や刑務所の庭に咲く花々、近隣に現れる動物たちに触れ、自然を大切にしながら生きることのありがたさが綴られていた。

定期的な連絡がなくなり、しばらく経ってネットのニュースで彼が亡くなったことを知らされたとき、私の心の中には、親の歪んだエゴによってやさしい人格を歪められ、その生涯を刑務所の中で終えた彼に対して、正直、気の毒な気がしてならなかった。

本書で触れることのできなかったほかの多くの「凶悪犯罪者」たちとのやり取りを通して、私は大きく二つのことを学んだ。

その一つは、彼らは例外なく、持って生まれた自然なやさしい心を幼くして歪められてしまった者たちだということ。

もう一つは、社会は心に傷を負った彼らを見放してきたということだ。

言い換えれば、今日問題とされている自然環境破壊による気候変動同様、親の虐待やネグレクトによる人間の「内なる自然破壊」、そして、自分とは異質な者たちを他者と見なし、自分たちさえよければ他者にどんなひどいことが起きてもかまわないという自己中心的な「切り捨て主義」の二つが彼らを生み出してしまった要因ということもできる。

凶暴化され見捨てられることで、社会に放たれた彼らは、結果、その一番大切で一番弱い者たちをターゲットに復讐の牙を剝いてしまったのである。

私がやり取りを重ねてきた者たちの中には、最初から「凶悪犯罪者」として生まれてきた者など誰一人いなかった。完全に心を開く外国人の私に対して、彼らは凶悪化する前の人格で応じてくれた。連続殺人犯、大量殺人犯、ギャング、マフィア、プリズンギャング、テロリスト、白人至上主義者などであっても、まったく接点を見出すことのできない者たちは、誰一人としていなかった。

警察官を二名射殺した死刑囚も、幼児虐待者二名の顔を百数十回刺し自ら死刑囚になった者も、その心の底は本当に純粋で誠実な人間だった。


凶悪犯たちを生み出している原因——。それは、これまで目を向けようとしてこなかった「自然環境破壊」と同じくらい深刻なレベルにまで進行してしまった「人間破壊（＝人間の心の自然破壊）」である。

社会の排出物をすべて大気中や自然環境に廃棄するのと同様、女性の社会進出と称して自力では生きられない乳児をネグレクトし、自分の理想に沿うように強制（＝虐待）し、気に入らなければ簡単に見捨てる（＝ネグレクト）。

人は自然の一部として誕生・存在しているにもかかわらず、そのアイデンティティである自然を受け入れることができないという大きな自己矛盾（＝自己同一性障害）を抱えるようになってしまっているのだ。

その結果、自分の子どもを自らの母乳で育てる行為をも否定し、自分の子どもを理屈抜きに抱きしめるといったごく自然な行為すらできなくなってしまっている。

どんなに物質的に豊かになり、科学の発展により人間の寿命が延びたとしても、その心の荒廃がこのまま進み、互いを思いやる「共感」が完全に欠如した社会にあっては、「社会的動物」である人間はもはや正常に生きていくことはできない。

オーラルセックスを強要してはハンマーで撲殺したハーヴィー・カリニャンも、ナイフで首を切り被害者の瞳孔が最後に開く瞬間に取り憑かれてしまったトミー・リン・セルズも、「なぜ母親が自分だけをあれほど憎んだのかわからない」と話してくれた。

彼らの言葉は、もともと素直な気持ちで生まれてきた子どもたちをモンスターに変容させてしまった原因が、彼らの心の中の自然を完全に破壊してしまったまわりの環境にあったことを垣間《かいま》見させてくれる。

真に安全で安心な社会——。その答えは、ルソーが提唱したように、人間が自らつくり上げた人為的な文明によって歪み・肥大化させた自分たちの「エゴ」から脱却し、本来の

「自然な感覚（＝心のバランス）」を取り戻すことにあるのではないだろうか？

なぜなら、まだ言葉を話せない幼い子どもたちにとって必要なのは「理屈」ではなく、自然の一部である私たち人間の『動物的な愛情』にほかならないからだ。

思い通りにならない子どもを「切り捨て」、放置・虐待を繰り返してきた。今日ごく身近に危険を感じるようになったのは私たちが「外にある自然」と同時に、子どもたちの心の「内にある自然」をも破壊し続けてきたことに対する「反動」にほかならない。

今日の社会には何が欠けてしまったのだろうか？　それは『共感』である。

誤解を恐れずにいわしてもらおう。

xx時間テレビなどで、建前では「人への思いやり」や「愛はｘｘを救う」などと美辞麗句を謳いながら、本音ではグループの和を乱す者は容赦なく「切り捨てる」という隠然とした村社会的な締め付けが存在している。また、私たちの多くに自分の意に反した形で生きることを強いている現実もある。これらのことが、先進国の中で日本の幸福度が五〇位前後と低いことの理由になっているのではないか。

そのため、不倫などの自分たちに直接関係のないルール違反を犯した者たちを、自分が抱えた負の感情によって情け容赦なく攻撃させるのである。

こうした「建前」と「本音」の大きなギャップは人間だけに限らない。

カワイイ映像やぬいぐるみ、マスコットキャラ等に動物のイメージを起用する向きがある。その一方で、地球温暖化で食べ物がなく冬眠すらできないクマは「可哀そうだけど人間の安全のため」といった建前だけで、冬眠中のもの、人里に下りてきていないものたちですら、数千頭も殺処分する。人的被害をなくすことが目的ならば、クマの食糧問題を解決し、人里に下りてこないようにするべきなのだ。

そうした議論すらされず、「クマ問題＝殺処分」と直結させているのは、「仕方ない」という言葉に隠れた「面倒臭いからクマなどいないほうがよい」といった邪魔者は「切り捨てる」という冷酷な本音である。日本社会の根底に存在する『切り捨て』体質こそが日本人を不幸にしているのである。

本書に挙げた凶悪犯罪者たちも、このクマたち同様に家庭からも社会からも切り捨てられた者といえる。彼らはクマとは異なり、自分を見捨てた社会に反撃できただけである。

こうした発言をするとすぐに、クマや犯罪者を擁護しているとすり替え、攻撃対象に仕立てる傾向がある。クマや犯罪者を擁護しているわけではない。問題には必ず原因が存在する。原因の解決のみが真の解決なのにもかかわらず、感情の発散にとらわれ、肝心の問題解決がおざなりになっている現実を指摘しているのである。

彼らを切り捨てることは一時的な感情的発散にしかならない。彼らを復讐行動に追いやる歪んだ社会力学が解決されない限り、同じような事件が繰り返されてしまうのだ。

『共感』

それは「しつけ」や「教育」といった「理屈」で「教え込む」ものではない。他者の立場を自分や大切な存在に重ね合わせ、内から自然と湧き出てくる強い「感情」である。同じ民族や自分の仲間、人間か動物かといった対象の種類とは一切関係のない「衝動」を意味する。

ナチスがユダヤ人を大量虐殺しているときであっても、自分の身内だと思って匿う行動や、母グマが殺され、木の上に逃げた子グマを捕獲しようとしているニュースを見てなんとか救ってやれないかと考えてしまう、人として感じるごく当たり前の感情だ。

こうした感情は、何もいわずに抱きしめ、頬ずりをし、微笑み返し、涙を流すといった、言葉を越えた「温もり」を通してしか共有することはできない。

資本主義が過度に浸透し、誰もが「利害」ばかりを優先させて生きる中、利害につながらず形すらない「共感」はまったく評価されず、今日の社会から完全に消えつつある。

凶悪犯たちの幼いころの家庭環境の分析を通して訴えたかったこと。それは、「利害」とは完全に切り離したかたちで、社会が一丸となって生活空間の安全基盤である『共感』

を、意識的に取り戻す必要があるということにほかならない。その第一歩は、子どもたちの「臨界期」の環境を守るという『家庭』からスタートする必要がある。

当たり前のようにクマを殺処分することに、理屈抜きで、強い違和感を覚える社会。それが弱者を切り捨てることなく、目に見えない危険分子を身近に生み出さない『真に安全な社会』なのである。そうした社会を取り戻すことが日本が幸福度の高い国として再生する唯一の道なのである。

何日にもわたり私の「凶悪犯ゼミ」を受講してくれた、駒草出版の勝浦基明さんと毬藻舎の森秀治さんには、出版に携わる人間の情熱を改めて肌で感じさせてもらった。ここに改めて感謝したい。

阿部　憲仁

著者が直接やり取りを重ねた凶悪犯罪者（一部）

連続殺人犯

チャールズ・マンソン

カルト殺人

連続殺人犯

ハーバート・マリン

サクラメント・サイコパス

連続殺人犯

ボビー・ジョー・ロング

三行広告レイプ魔

連続殺人犯

サミュエル・リトル

全米最多93人殺人犯

連続殺人犯

デニス・レイダー

BTK。縛り・虐待・殺害

連続殺人犯

ケネス・ビアンキ

ヒルサイド・ストラングラー

連続殺人犯
リチャード・ラミレス

ナイト・ストーカー

連続殺人犯
イヴァン・ミラット

バックパッカー・キラー

s
デイヴィッド・
バーコヴィッツ

サムの息子

連続殺人犯
ハーヴィー・カリニャン

ハーヴィー・ザ・ハンマー

連続殺人犯
ハッデン・クラーク

女装殺人鬼

連続殺人犯
パトリック・カーニー

フリーウェイ・キラー

連続殺人犯
クレオファス・プリンスJr.

クレアモント・キラー

連続殺人犯
チェスター・ターナー

LAサウスサイド殺人鬼

連続殺人犯
アルフレッド・ゲイナー

連続殺人犯

エリック・スミス

殺人少年

連続殺人犯

ロバート・リー・イェーツ

連続殺人犯

チャールズ・オルブライト

アイボール・キラー

連続殺人犯

ドナルド・ハーヴェイ

死の天使、患者87名殺害

連続殺人犯

ランディ・クラフト

フリーウェイ・キラー

連続殺人犯

セオドア・カジンスキー

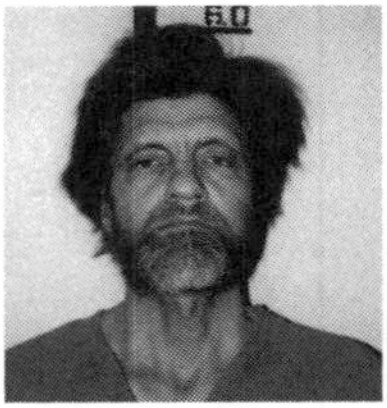

ユナボマー

連続殺人犯

マイケル・スワンゴ

殺人医師

連続殺人犯

トミー・リン・セルズ

クロスカントリー・キラー

連続殺人犯

ジェニーン・ジョーンズ

殺人看護師

マフィア・ボス
ビンセント・バスキアーノ

ボナンノ・ファミリー代行

マフィア・ボス
カーマイン・パーシコ

コロンボ・ファミリーボス

マフィア・ボス
ビットリア・アムーソ

ルッケーゼ・ファミリーボス

大量殺人犯／テロリスト
リチャード・リード

靴爆弾犯人

大量殺人犯
リチャード・ファーリー

会社乱射従業員

大量殺人犯
エリック・ヒューストン

学校乱射犯

大量殺人犯
レジナルド・カー

ウィチタ虐殺

大量殺人犯／テロリスト
ニダル・ハッサン

基地乱射犯

白人至上主義団体リーダー
トム・メッツガー

アーリア白人抵抗部隊長

テロリスト
コリーン・ラ・ロース

ジハード・ジェーン

テロリスト
ブランドン・ラッセル

核武装部隊創始メンバー

白人至上主義団体リーダー
デニス・メイホン

元KKK全国リーダー

白人至上主義団体リーダー
マシュウ・ヘイル

白人至上主義団体代表

バイクギャング
ハリー・ボウマン

アウトローズ代表

プリズンギャング・リーダー
ウィリアム・メナード

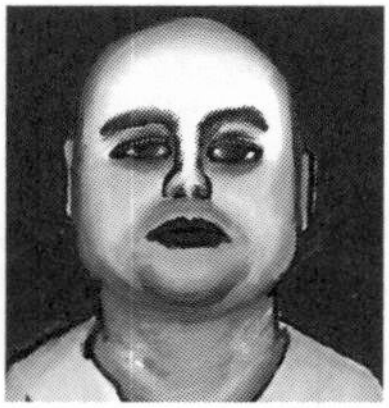

テキサスアーリア人同盟

注）プリズンギャング・リーダー　終身刑の立場で刑務所内からストリートギャングをコントロール

プリズンギャング・リーダー
ジェームズ・ルマーク・バード

ABT幹部

プリズンギャング・リーダー
ペリー・ローク

デッドマンInc

ギャング・リーダー
オーグスティン・ザンブラーノ

ラテンキング総帥

プリズンギャング・リーダー
サラゴサ・サンチェズ

サンホゼのカポネ

プリズンギャング・リーダー
フェデル・デラ・リバ

NFキャプテン

ギャング幹部
ティモシー・ジョセフ

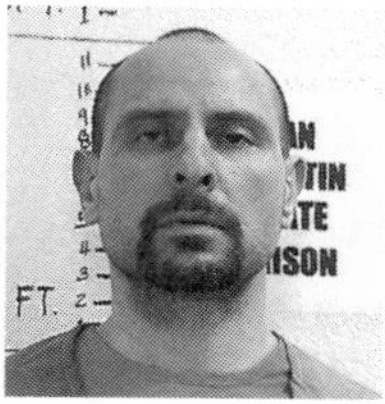

トナービル幹部

ギャング幹部
コールトン・シンプソン

クリップス幹部

ギャング幹部
コディ・スコット

クリップス幹部

ギャング・リーダー
フートー・チャールズ

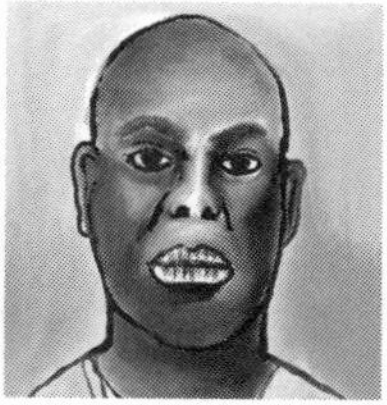

Top 6 リーダー

著者が直接やり取りを重ねた凶悪犯罪者

著者
阿部憲仁(あべけんじん)
1964年生。国際社会病理学者(桐蔭横浜大學法学部教授/府中刑務所篤志面接員)。
アメリカと日本の「究極の凶悪犯罪」の研究をもとに、真の「社会の安全」と「人間の幸せ」のあり方を提言。
数多くの「究極の凶悪犯」たちと直接やり取りを交わす一方、広島・長崎の被爆者代表を初めてノーベル平和賞に招待。
罪を犯す者たちの考え方に精通するDr.クリミナル。
著書に「人格形成は3歳まで」(青志社)、「無差別殺人者の正体」(学文社)などがある。

幼少期の家庭環境から読み解く
凶悪犯プロファイル

2024年3月9日　初版第一刷発行

著者　阿部憲仁
発行者　加藤靖成
発行所　**駒草出版**　株式会社ダンク出版事業部
〒110-0016　東京都台東区台東1-7-1 邦洋秋葉原ビル2階
TEL　03-3834-9087
URL　https://www.komakusa-pub.jp

印刷・製本　中央精版印刷株式会社

イラスト　竹松勇二
装丁・本文デザイン・カバーイラスト作成　上野昭浩
編集協力　森 秀治
編集　勝浦基明(駒草出版)

ISBN 978-4-909646-75-0